10

PICTOLOGIES

180 HISTOIRES EN BREF

Ce livre
est dédicacé
à **Ilaria Agnoli,**
Lorenzo Tommasi,
Roberto Molino et
Francesca Gorrini.

PICTO LOGIES

180 HISTOIRES EN BREF

Matteo Civaschi H-57 **Gianmarco Milesi**

EDITIONS | PRISMA

L'HISTOIRE DE CES HISTOIRES

Il n'y a pas de place pour une longue introduction dans un livre intitulé *Pictologies, 180 histoires en bref*.

En voilà une courte.

Ce livre présente des personnages célèbres, des événements historiques ou des films connus, en laissant de côté les détails inutiles ou ennuyeux.

Comme une tarte aux pommes sans avoir à éplucher les pommes.
Des chats dont on n'aurait pas à nettoyer la litière.
Un shampoing sans les yeux qui piquent.
L'amour éternel sans les ronflements.

Vous avez sans doute compris…

Comment utiliser ce livre

Vous pouvez lire ce livre à votre façon, de la première à la dernière page, comme un livre classique. Il est toutefois plus amusant de jeter un coup d'œil sur chaque histoire et de tenter d'en deviner le sujet. La méthode la plus drôle – croyez-nous, nous avons essayé – consiste à réunir vos amis et à réfléchir ensemble. Après tout, une dizaine de cerveaux valent mieux qu'un (sauf quand il s'agit de choisir un restaurant !)

Comment ne pas utiliser ce livre

Vous ne devez absolument pas considérer ce livre comme une référence du point de vue historique ou biographique, en particulier si vous êtes l'ami appelé par un participant au jeu *Qui veut gagner des millions*…

Nos histoires, si elles sont correctes du point de vue chronologique, n'illustrent pas toujours avec exactitude ce qui s'est réellement passé. Parfois, nous improvisons. Parfois, elles sont construites selon le modèle « nous pensons que cela s'est passé ainsi » ou « nous pensons qu'ils pensaient que ». C'est le cas pour Picasso, Freud, le Sahara, l'Atlantide, l'Everest ou le saint Graal. Ne vous attendez pas à une grande précision historique. Nous ne pouvons la garantir.

D'autres pages n'abordent qu'un aspect ou une partie d'une chronologie (Jimi Hendrix, John McEnroe). Les moments choisis peuvent sembler mineurs, mais de notre point de vue, ils sont très importants ou révélateurs.

Sachez que certaines histoires seront plus difficiles à déchiffrer que d'autres. Elles sont parfois construites sous forme de devinettes (notamment celles de Woody Allen, de Hitchcock et des *Simpson*), chaque pictogramme faisant partie de la charade. Le livre renferme aussi des pépites moins connues. Dans les deux cas, les amateurs inconditionnels trouveront immédiatement la solution, alors que les autres seront obligés de réfléchir un peu. Cela fait partie du jeu. Nous avons fait de nombreuses découvertes intéressantes et étranges en créant ce livre, et nous espérons que cela sera aussi votre cas.

Un dernier point : nous nous sommes efforcés de ne pas exprimer de jugements dans nos histoires. Nous avons bien sûr un avis, mais nous souhaitons que vous vous forgiez votre propre opinion. Cela dit, des connotations particulières (positives ou négatives) sont attachées à certains personnages ou événements : il est inutile de le souligner.

Nous n'avons plus rien à ajouter.
Amusez-vous bien !

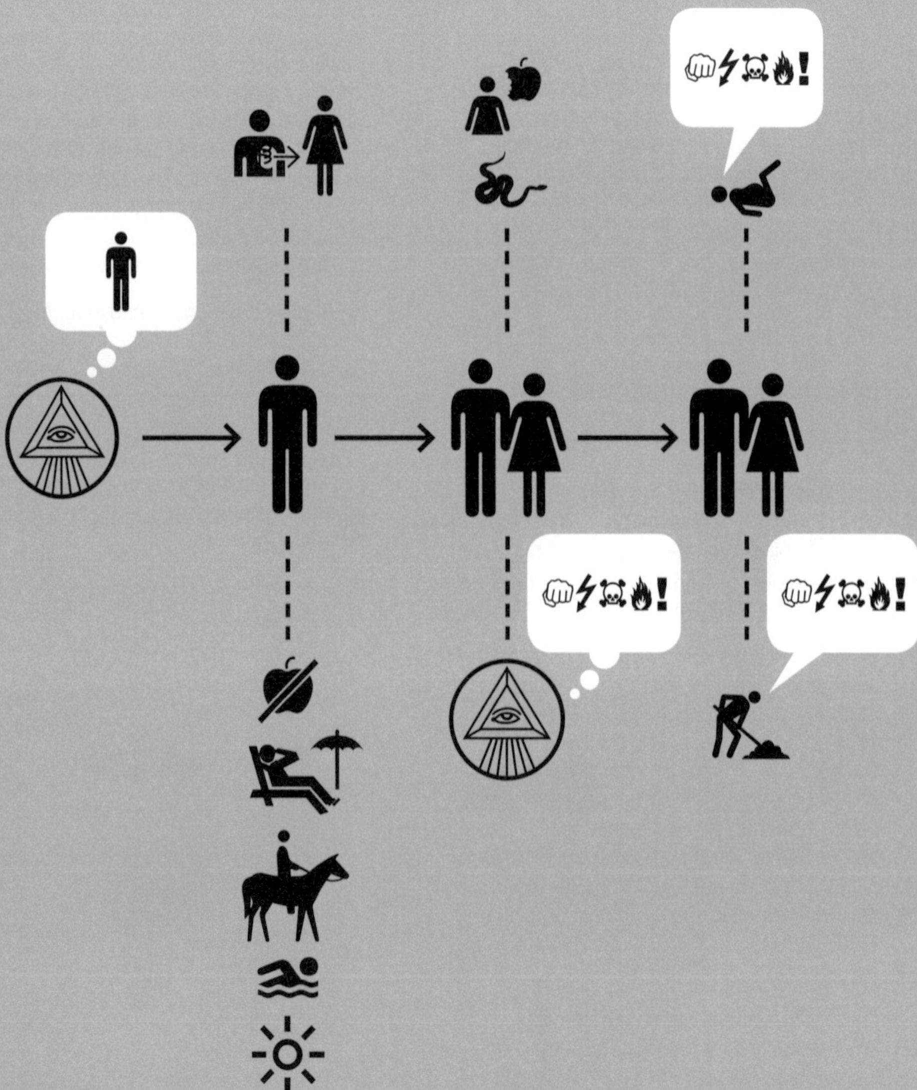

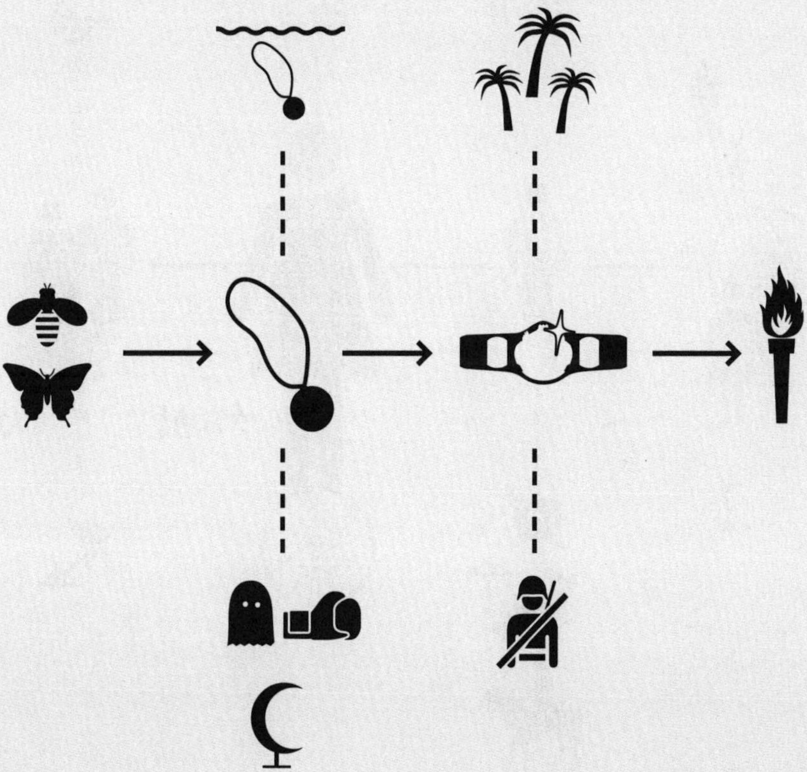

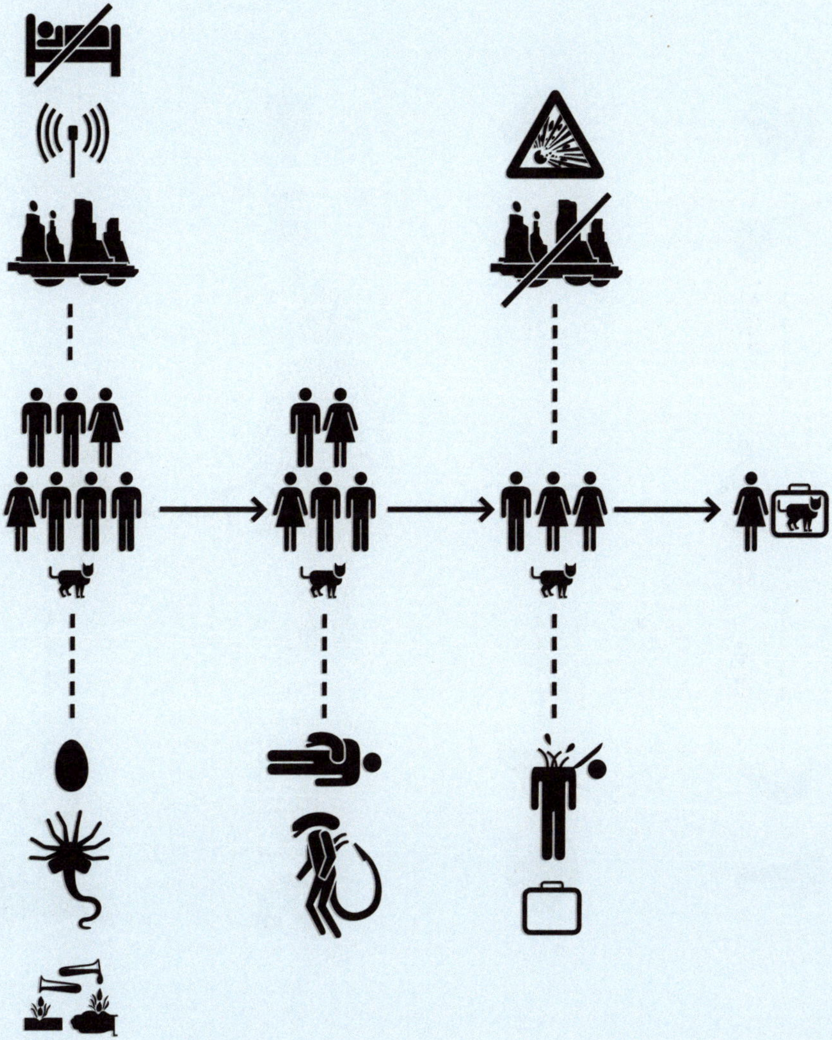

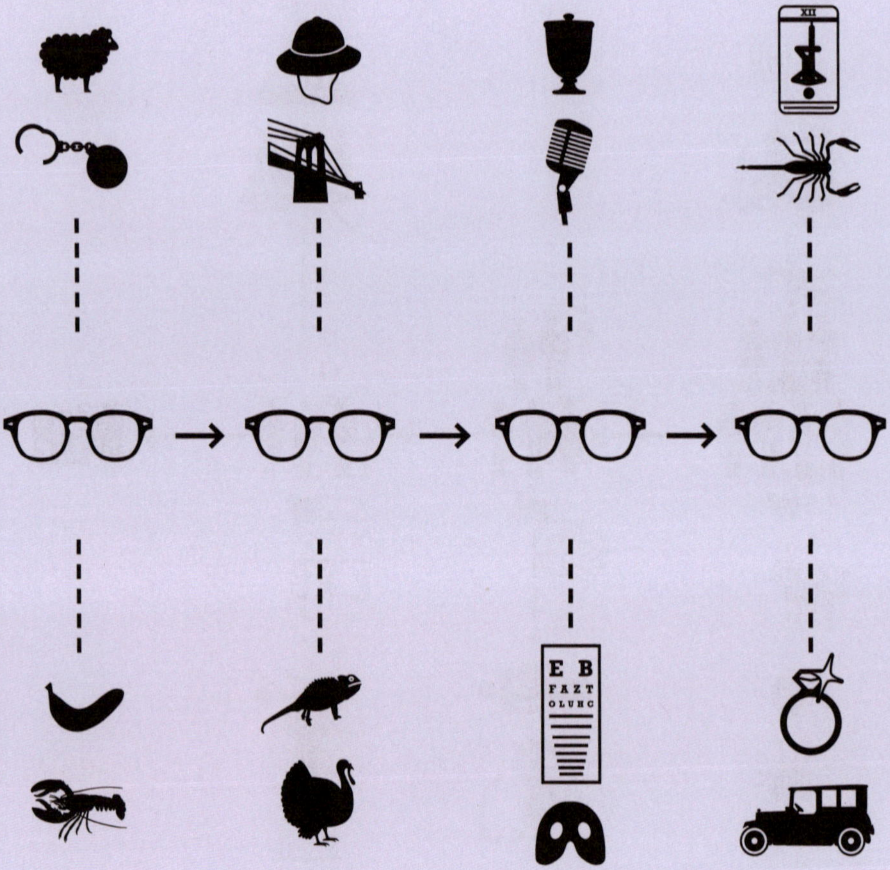
XII
E B
F A Z T
O L U H C

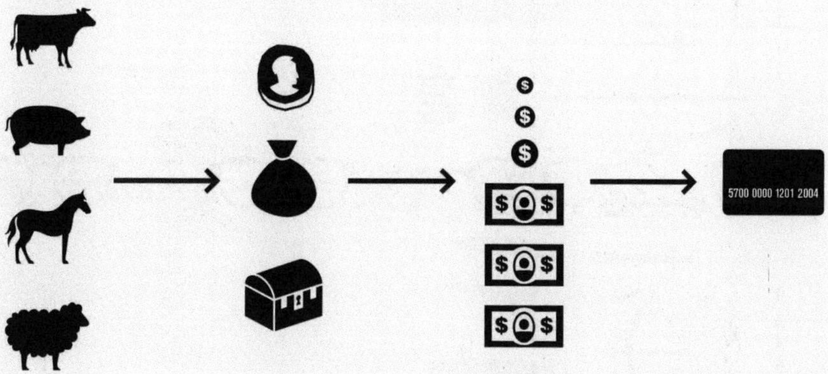
5700 0000 1201 2004

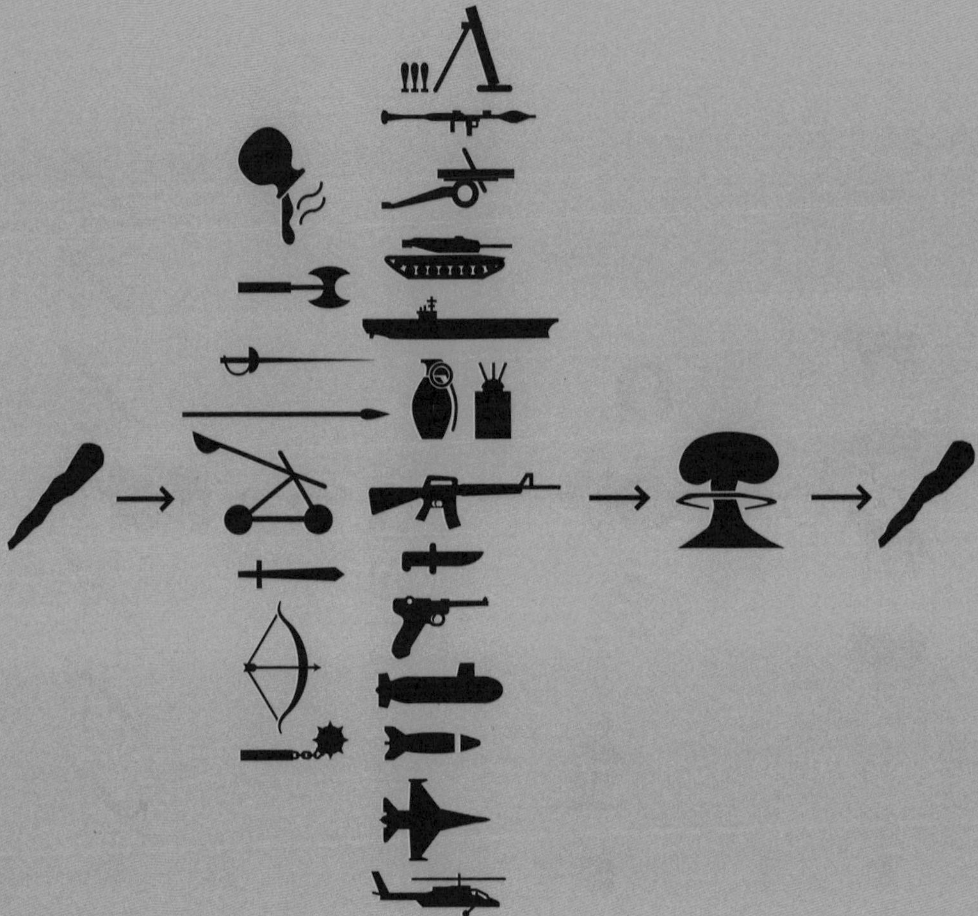

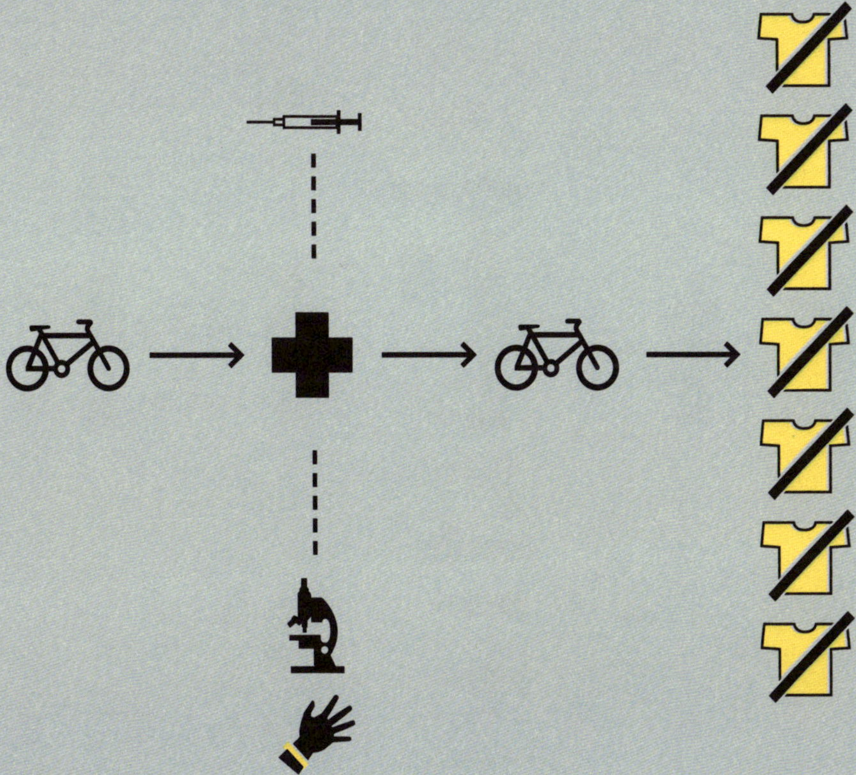

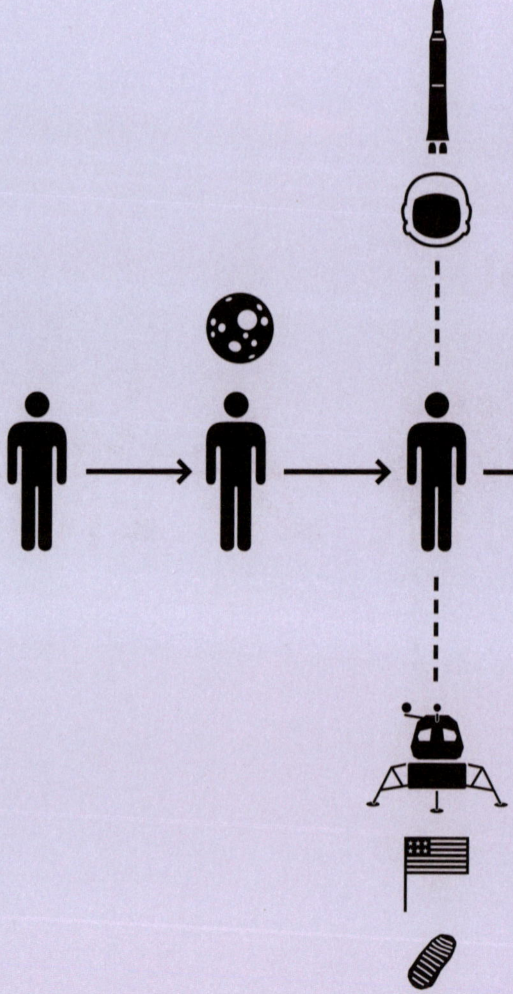

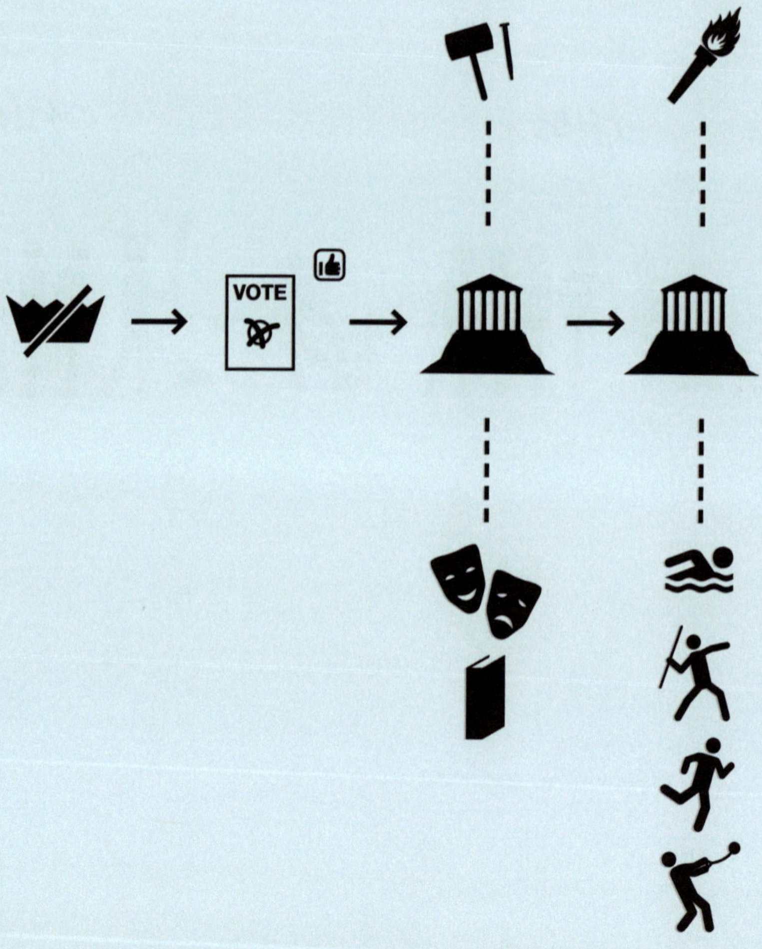
VOTE

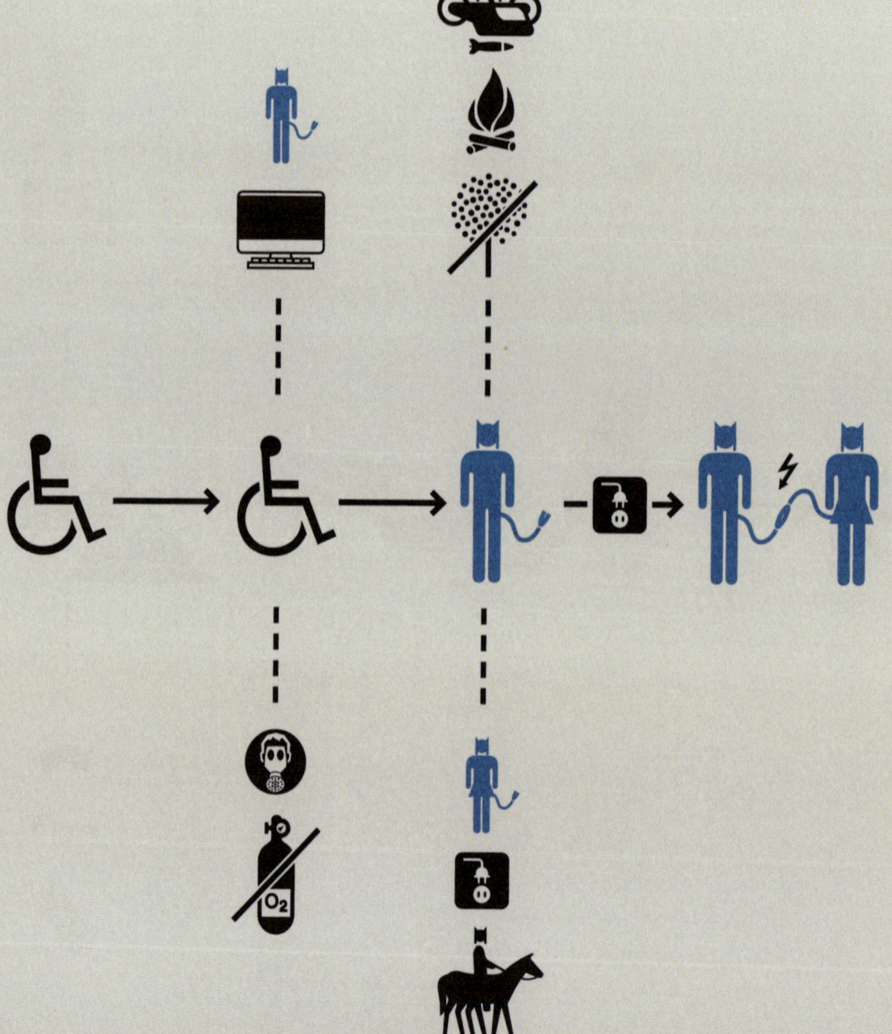
O2

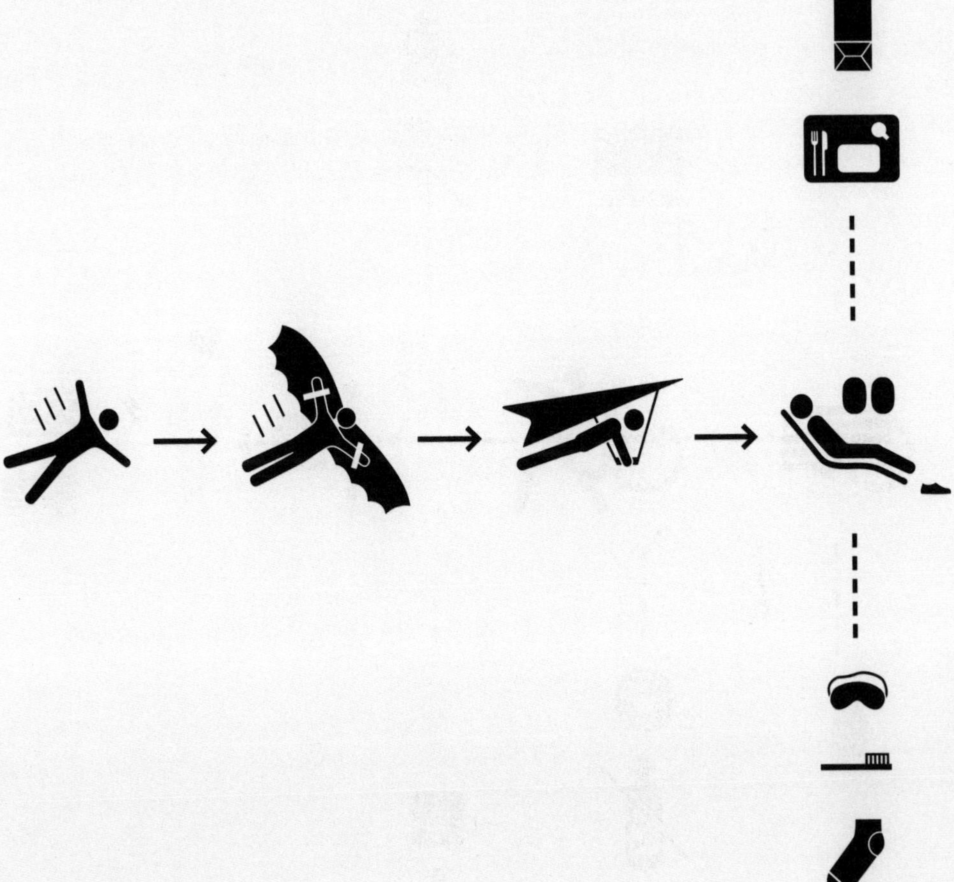

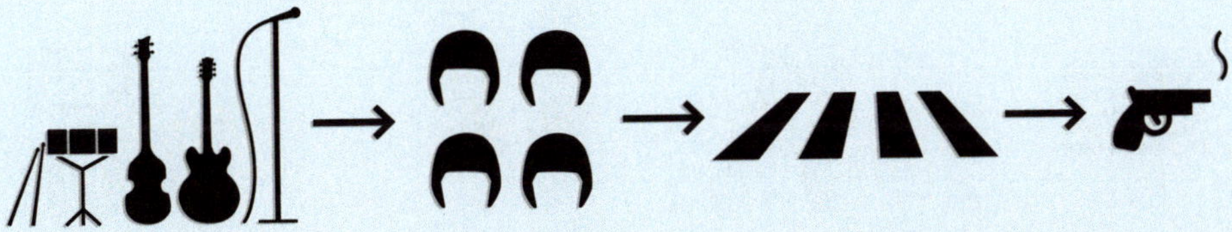

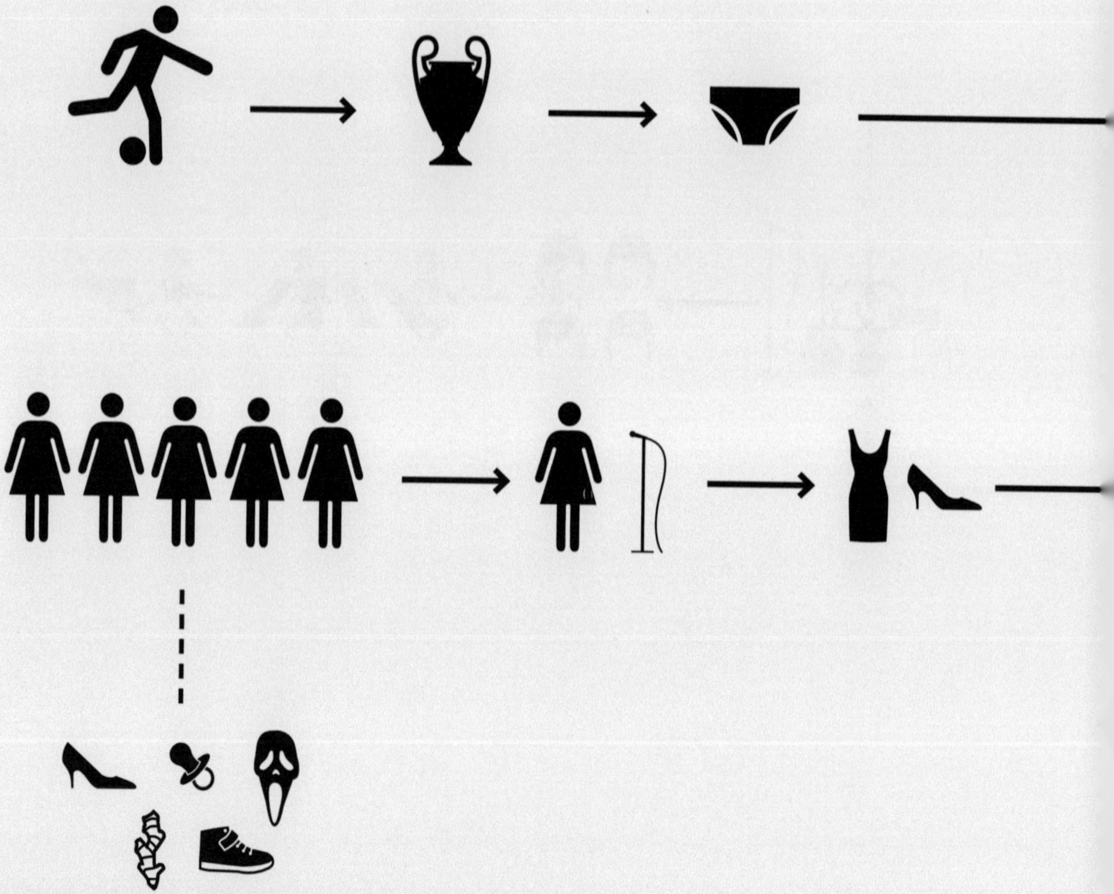

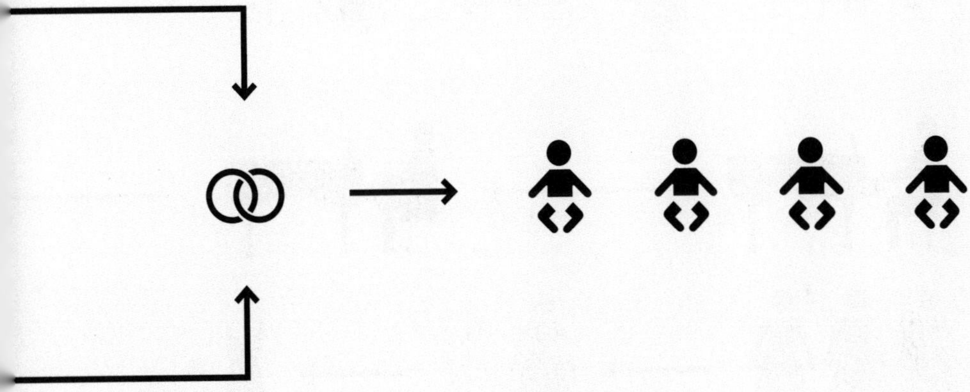

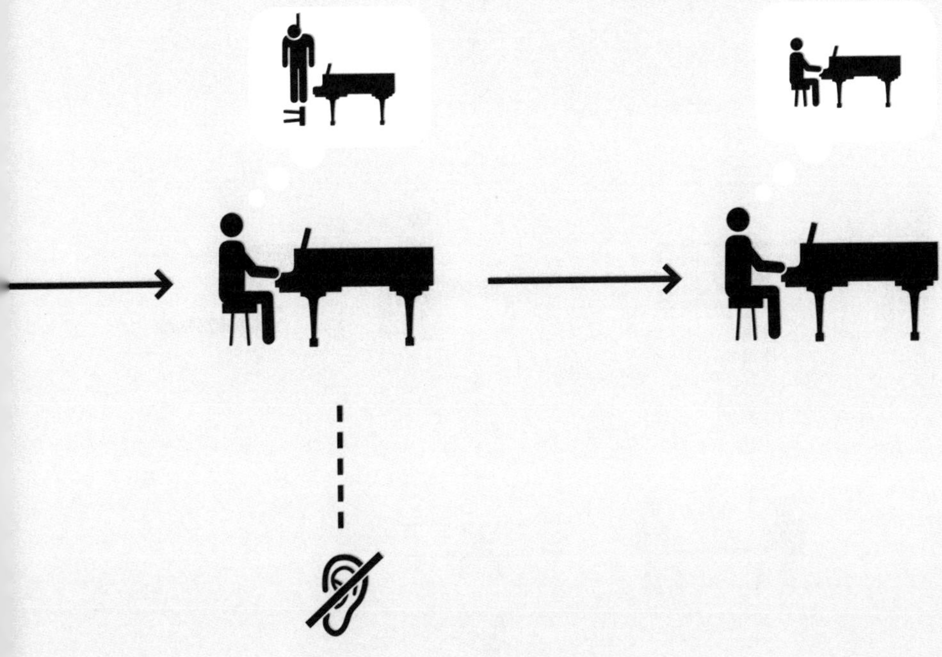

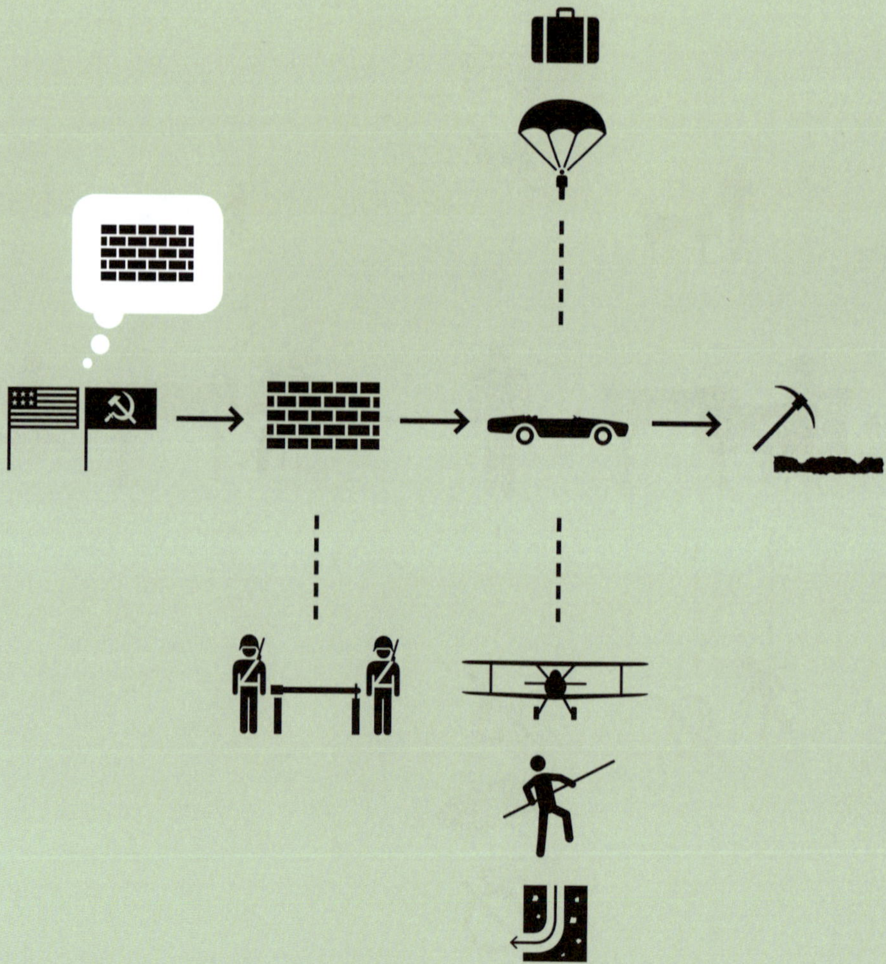

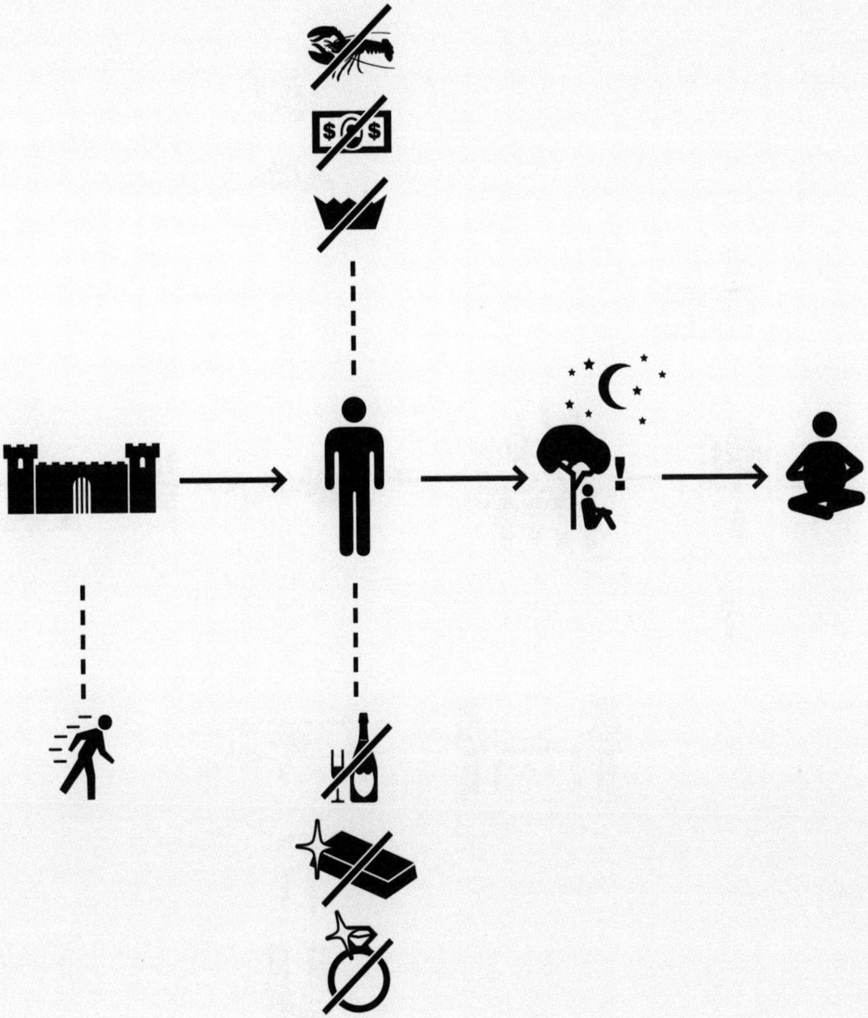

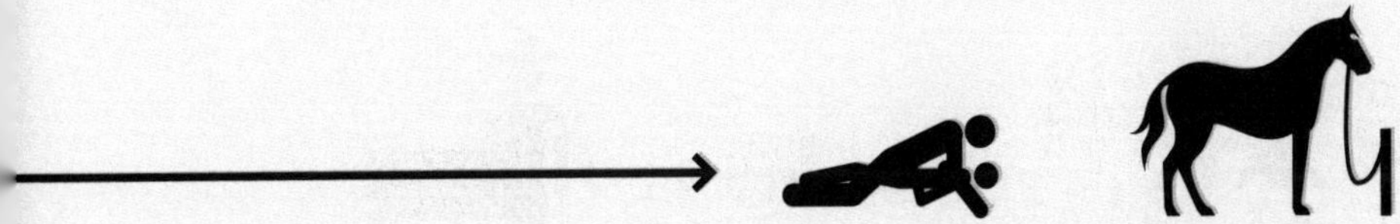

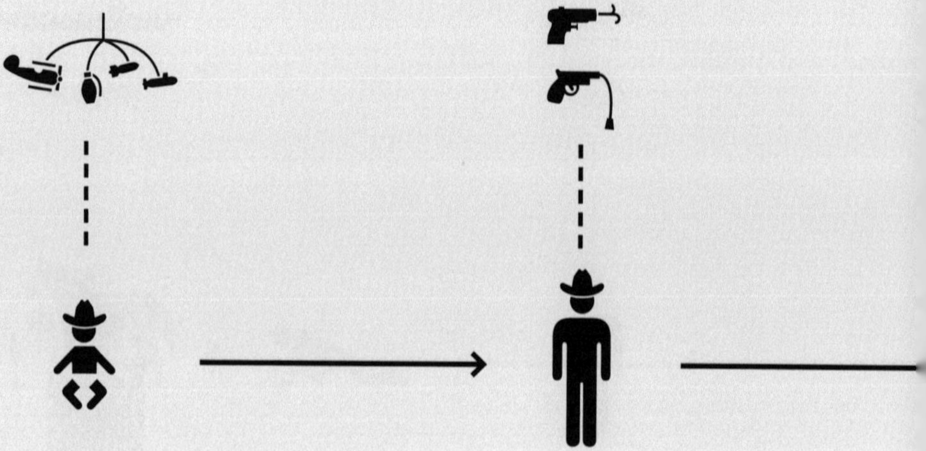

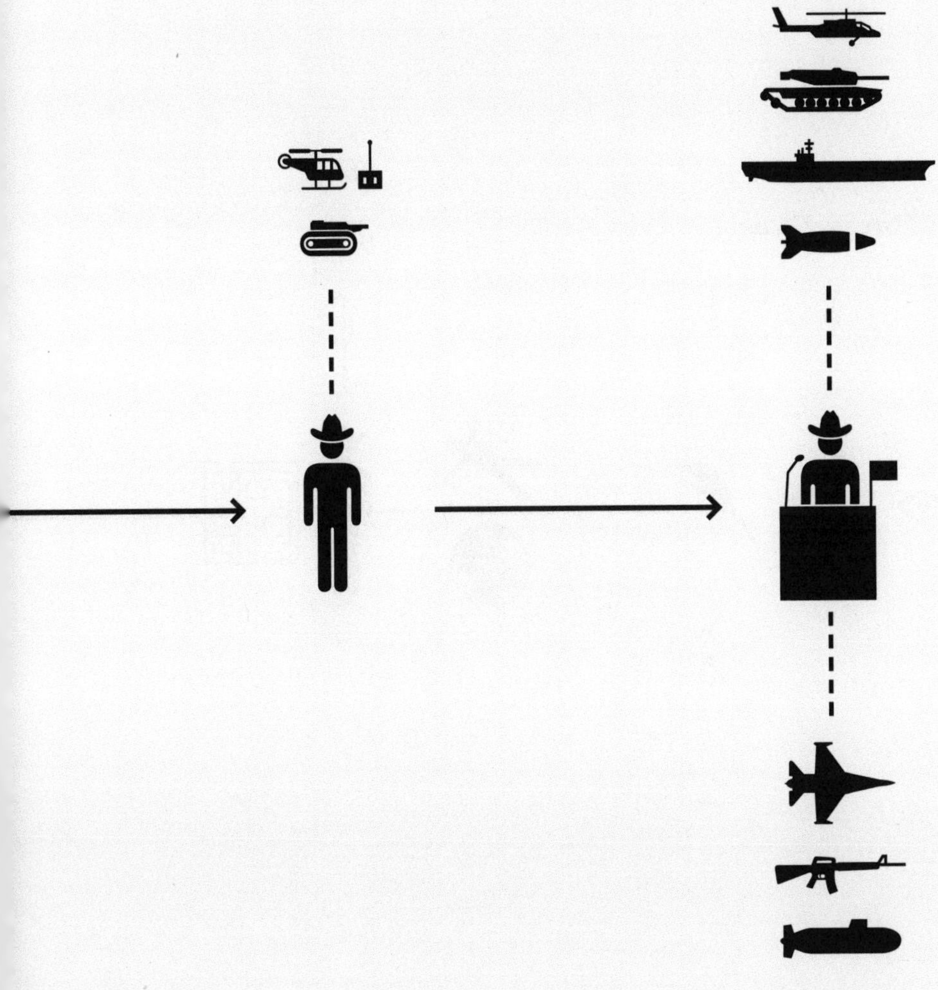

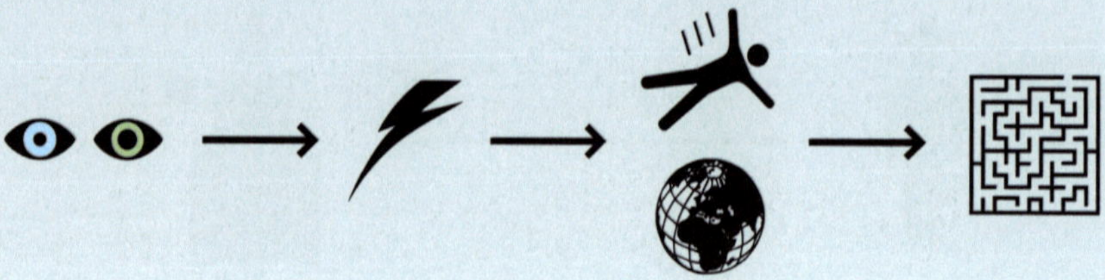

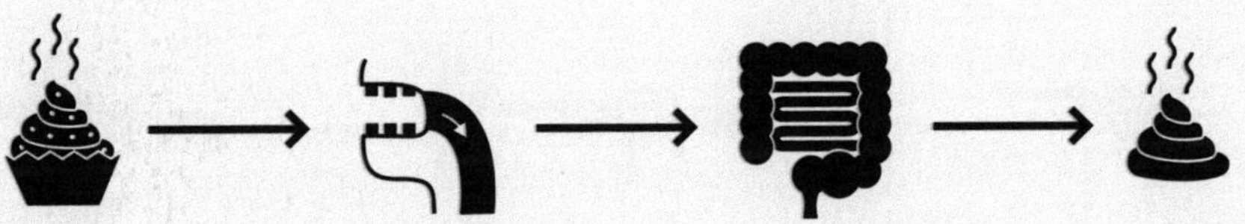

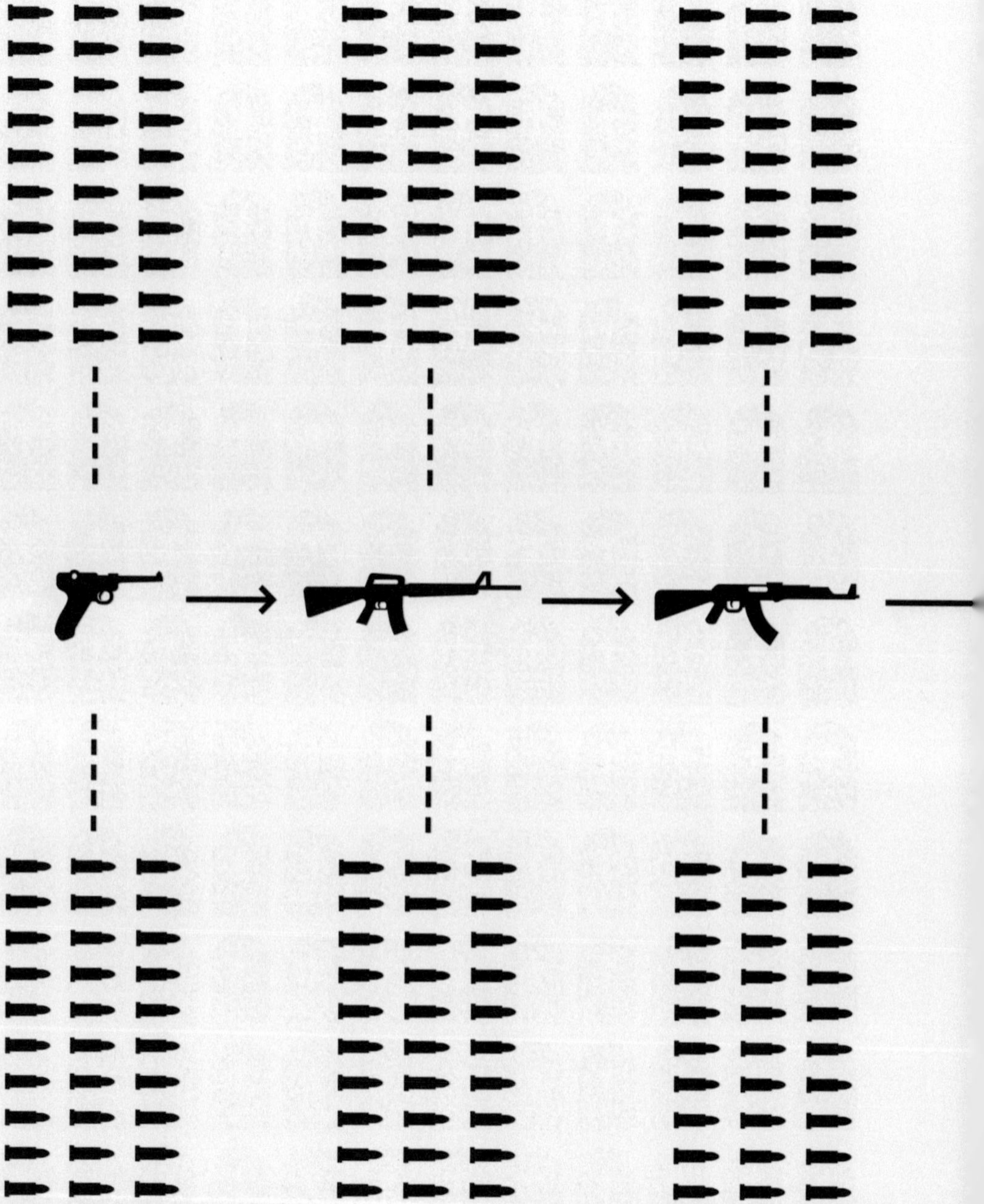

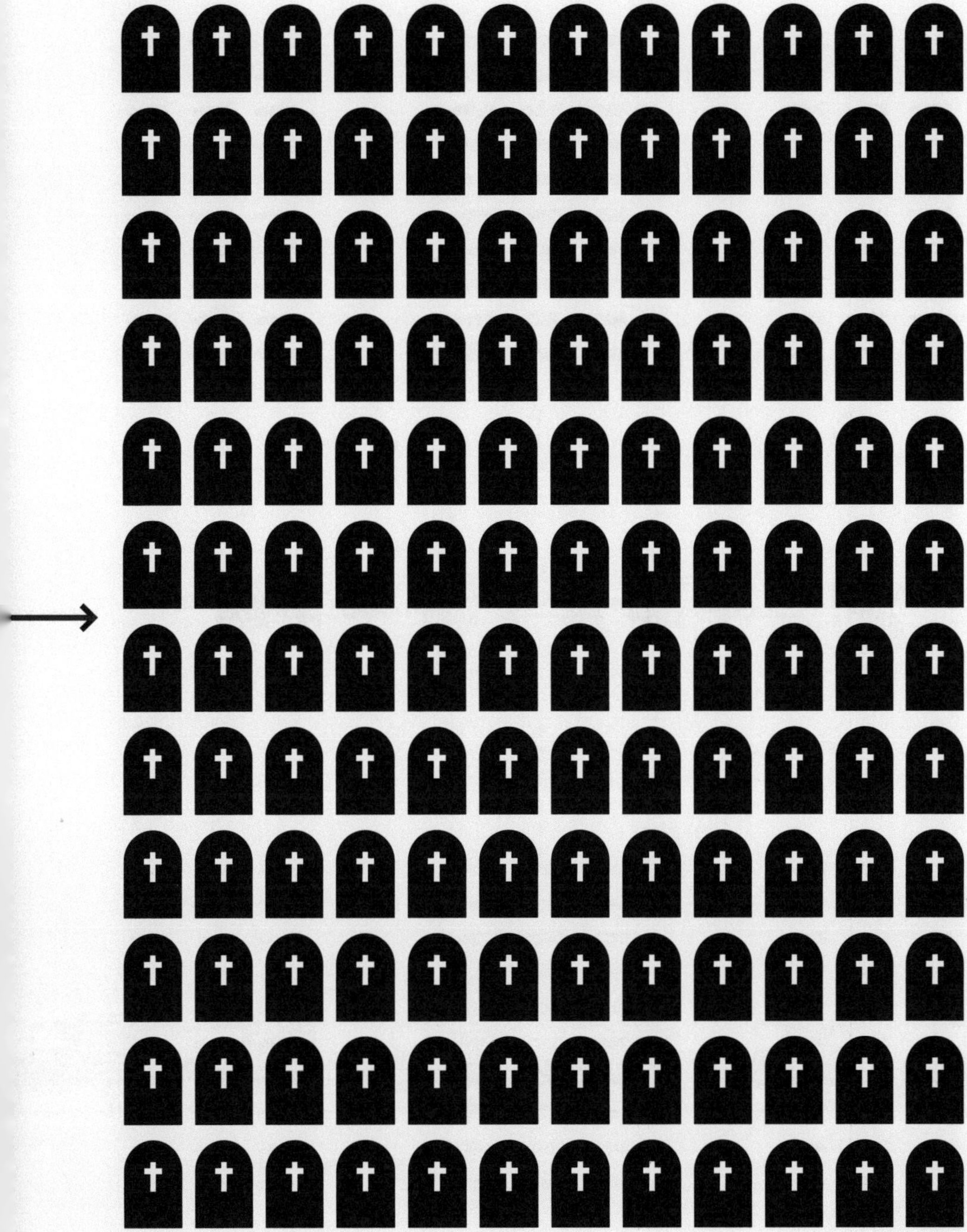

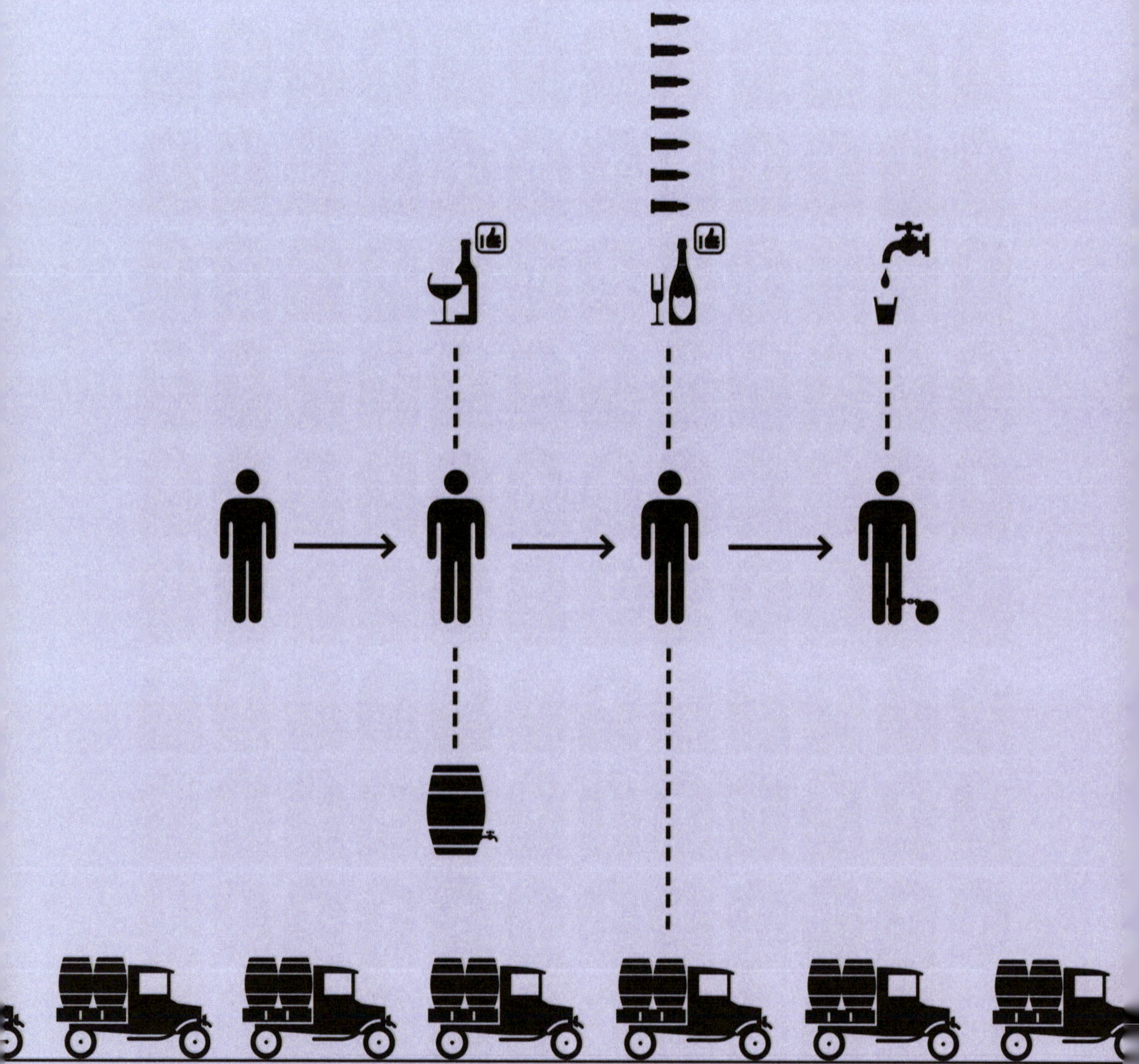

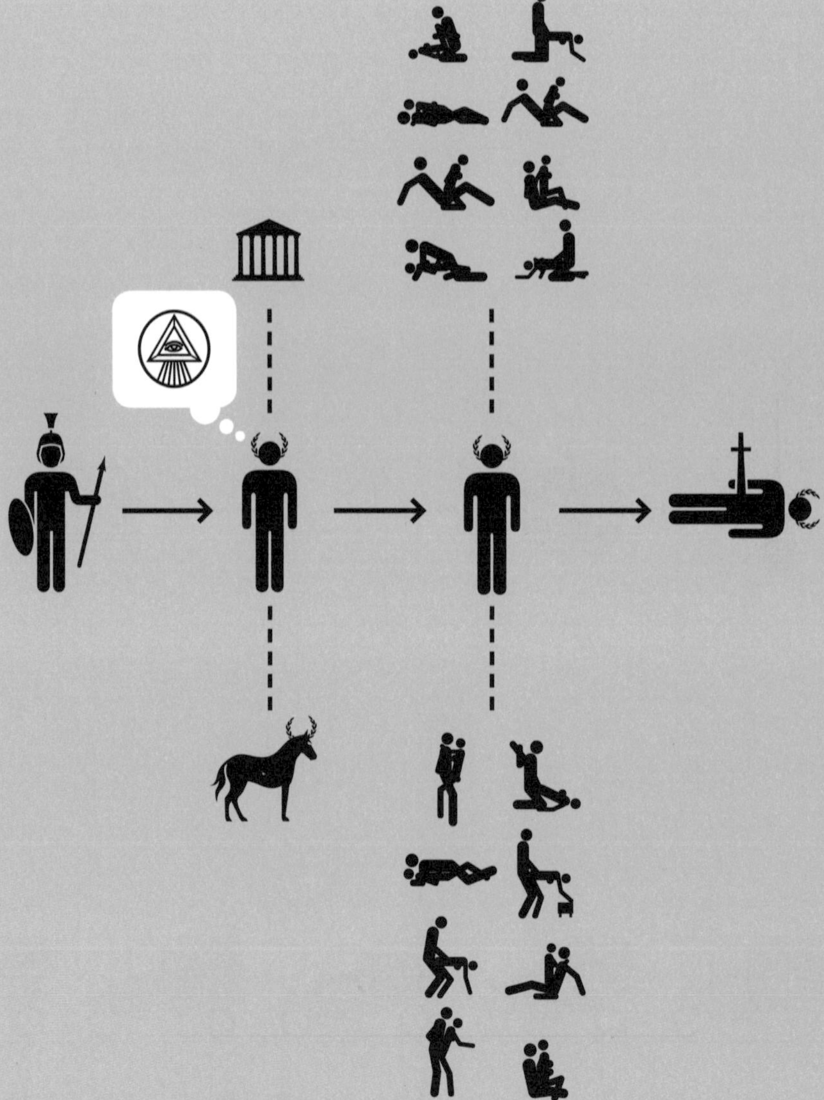

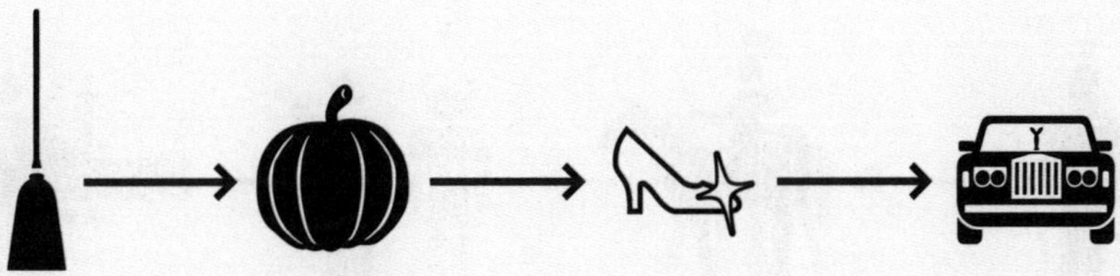

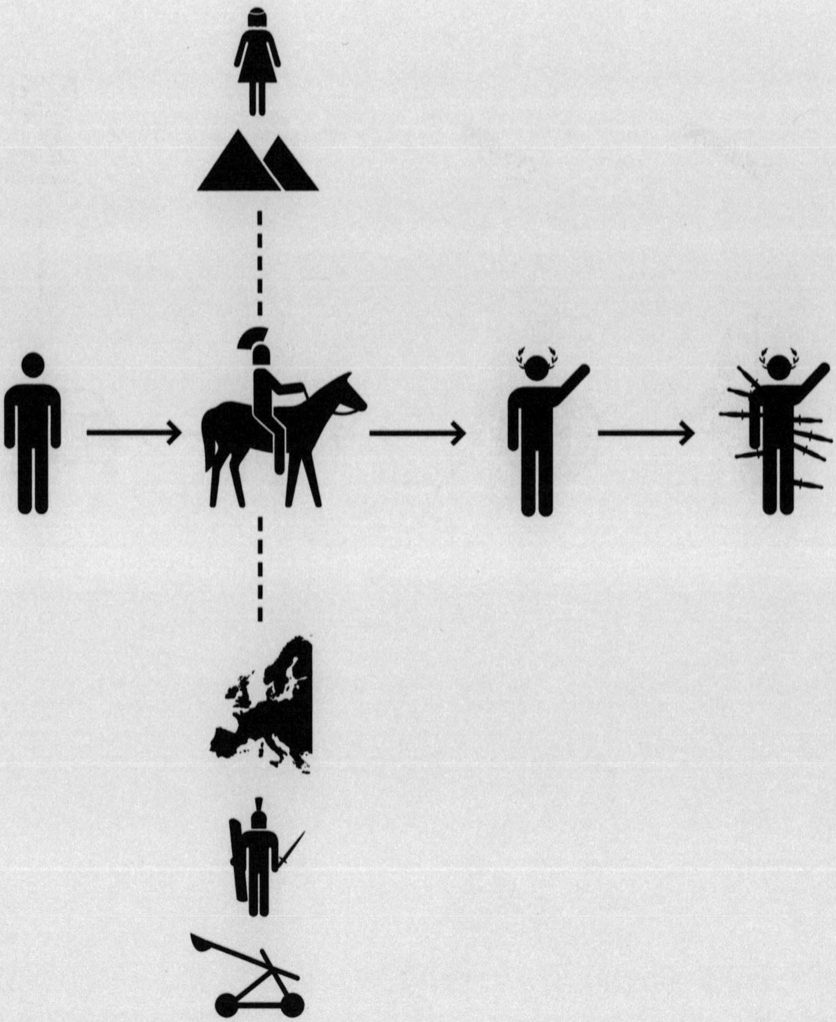

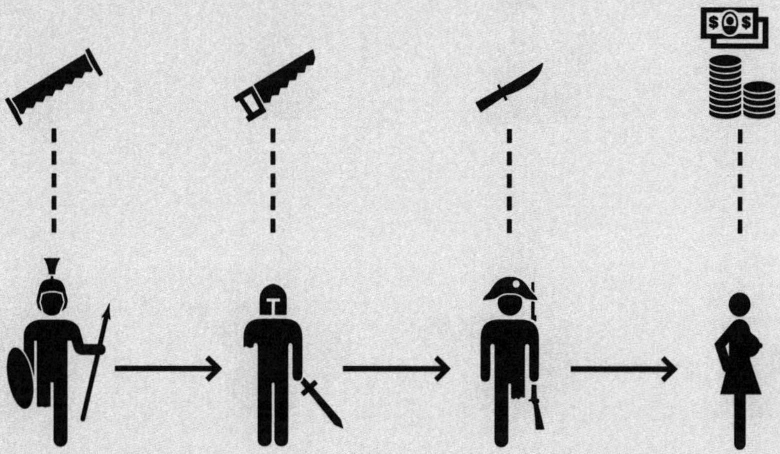

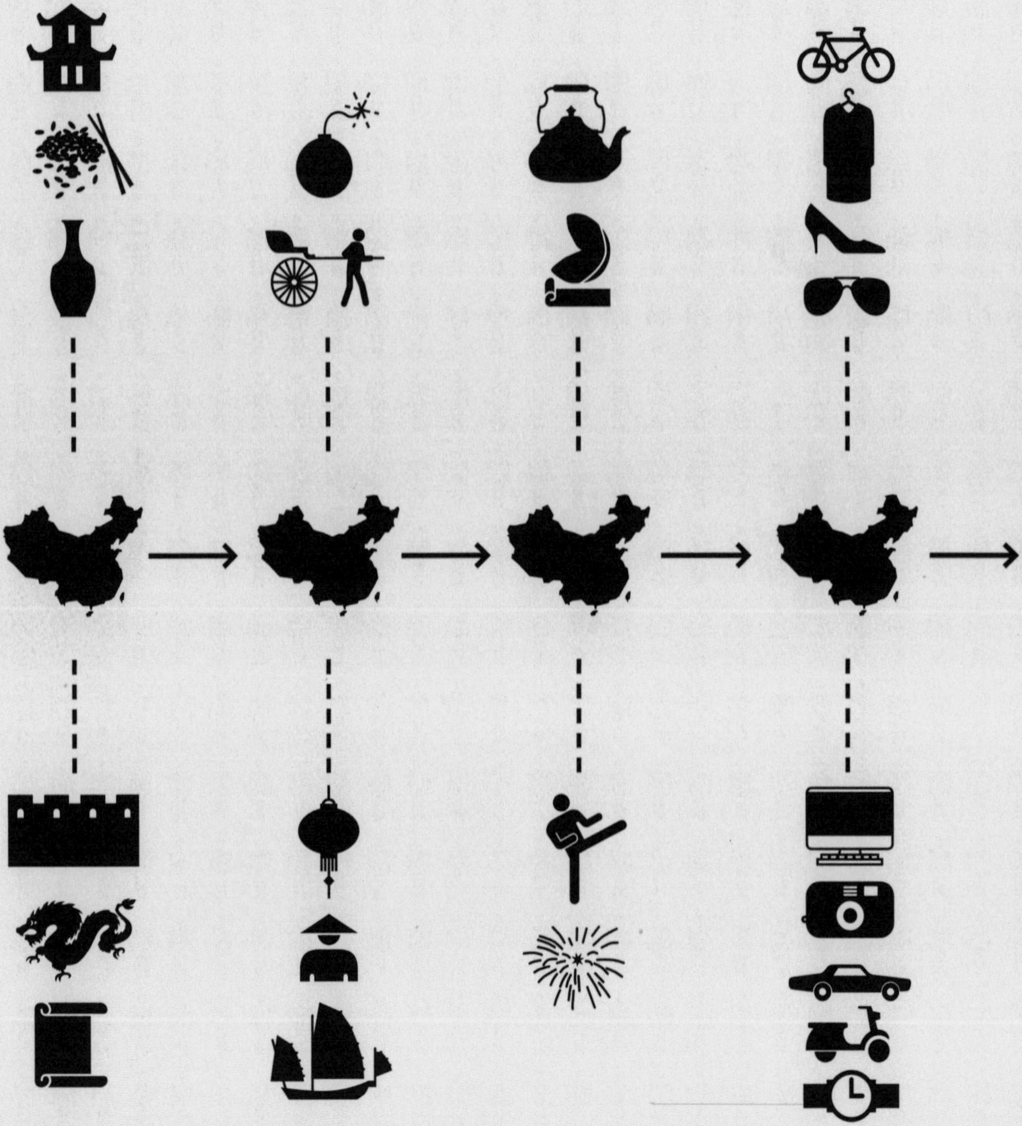

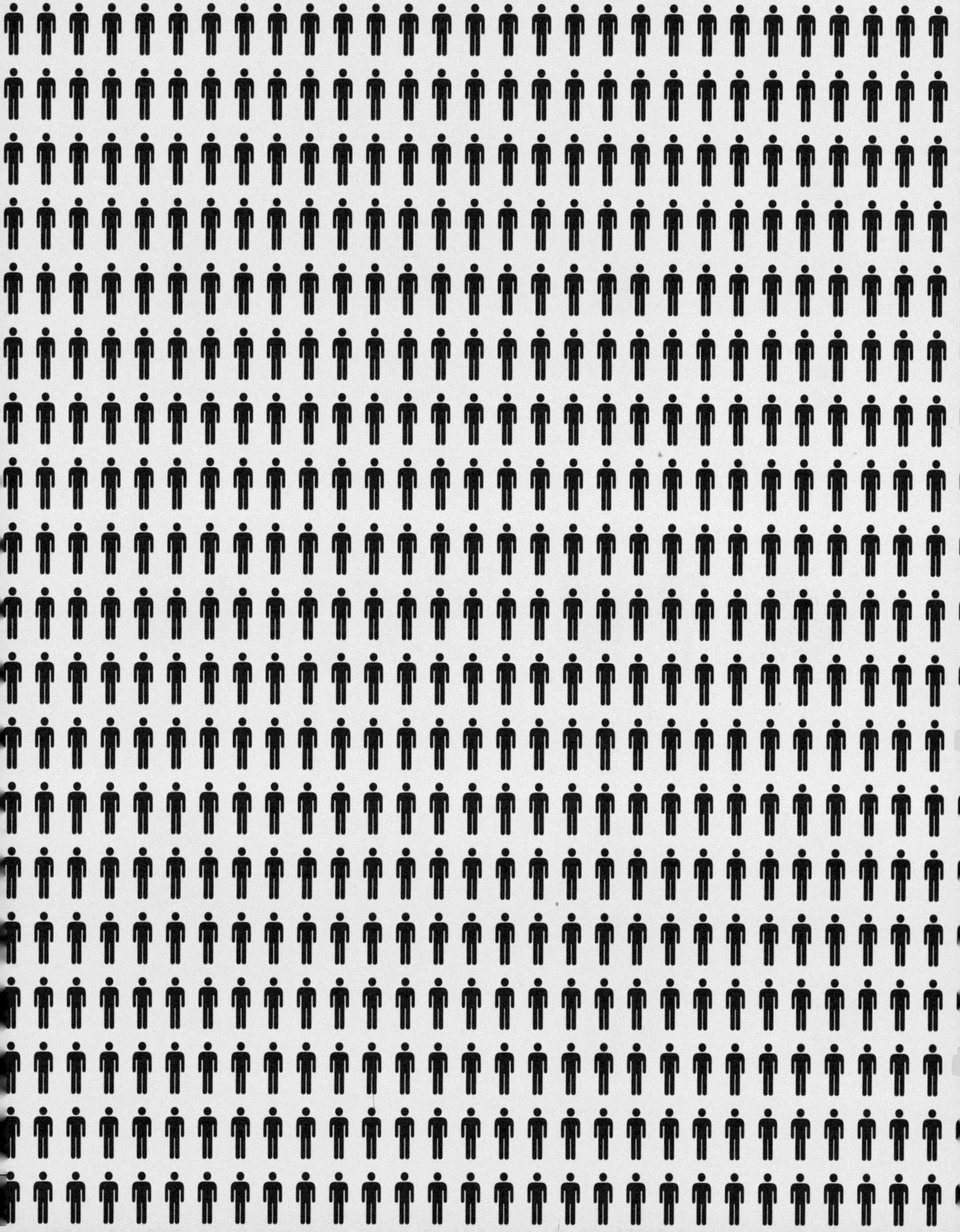

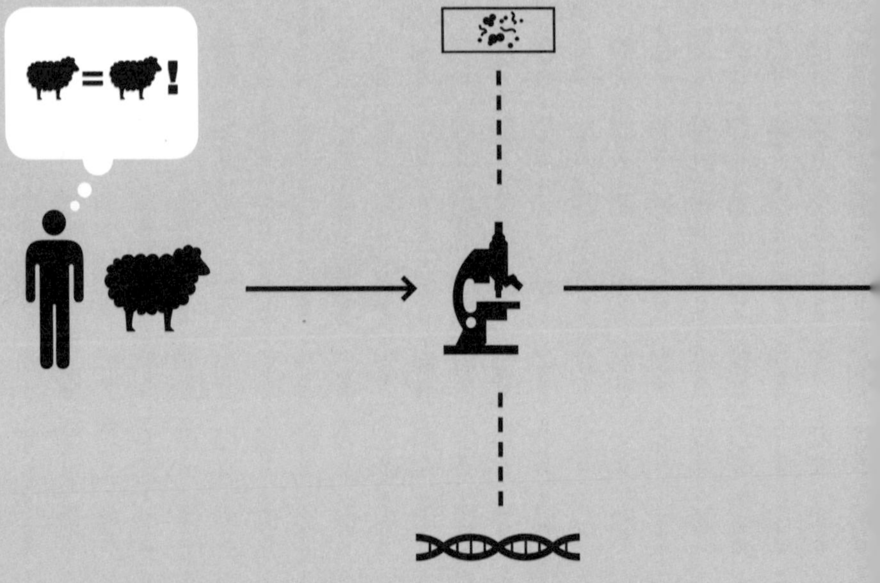

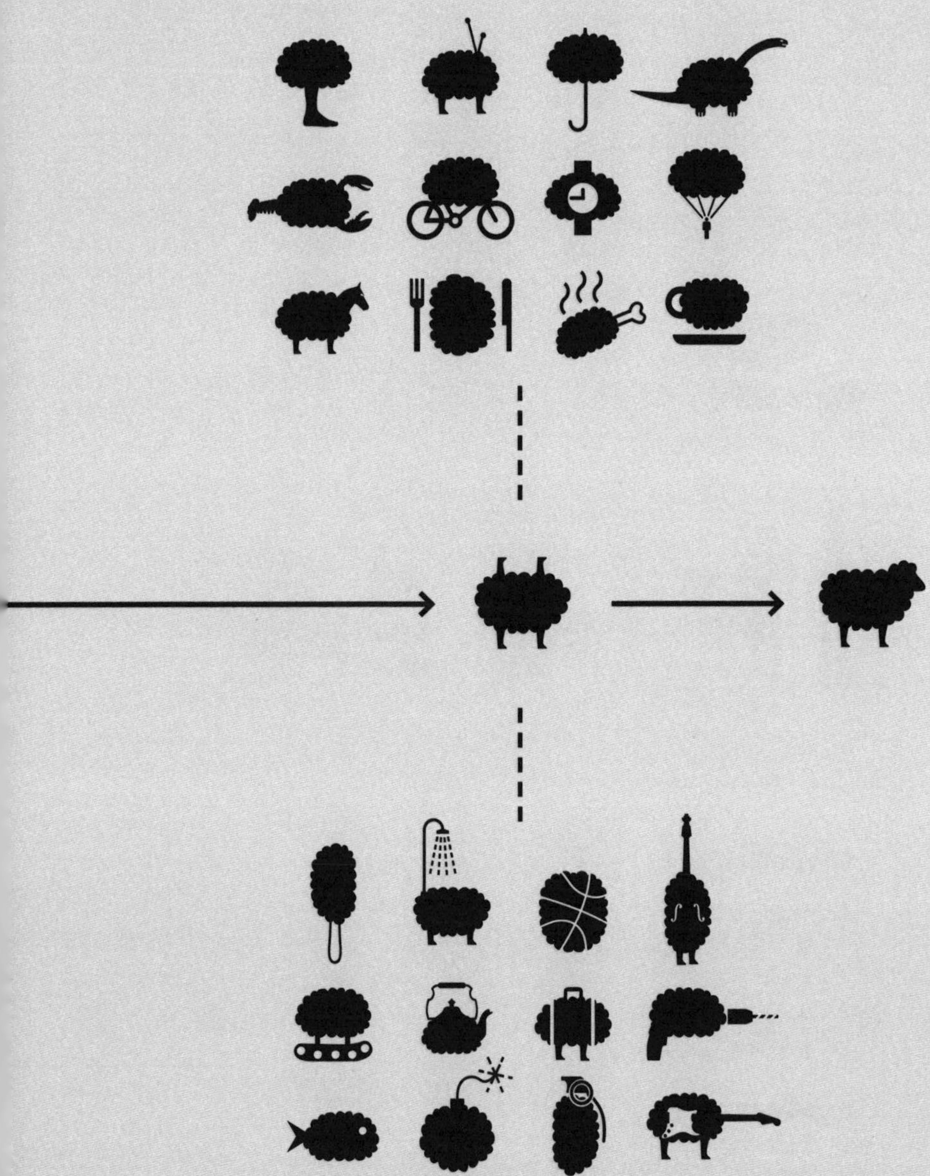

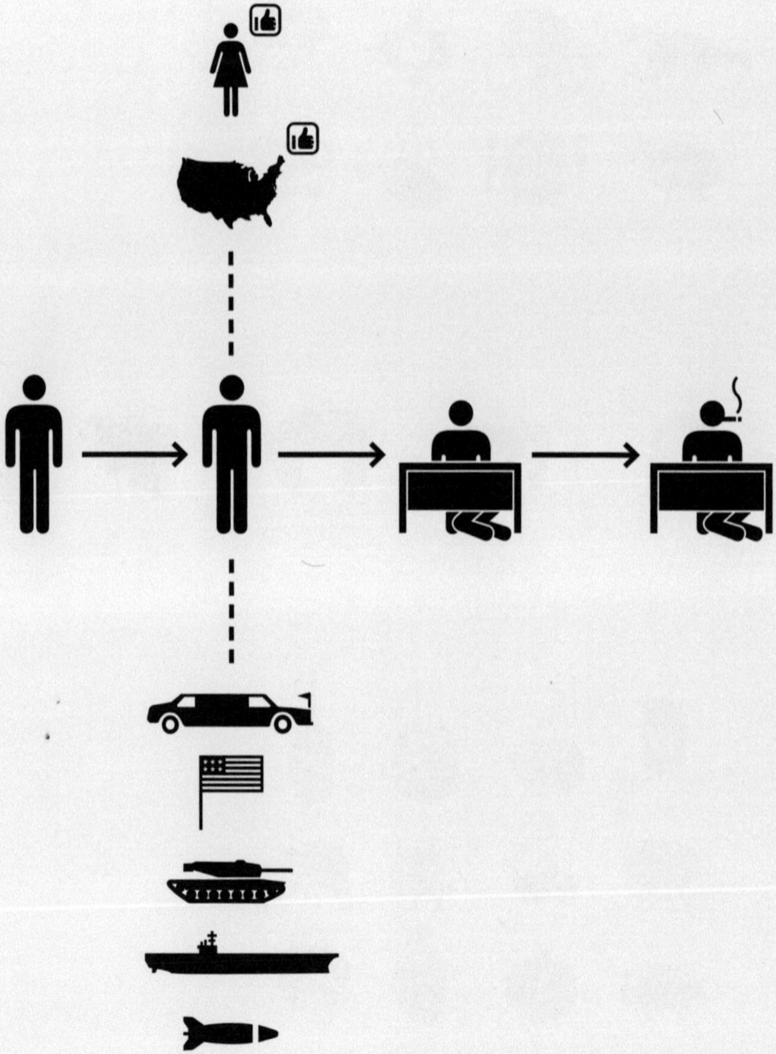

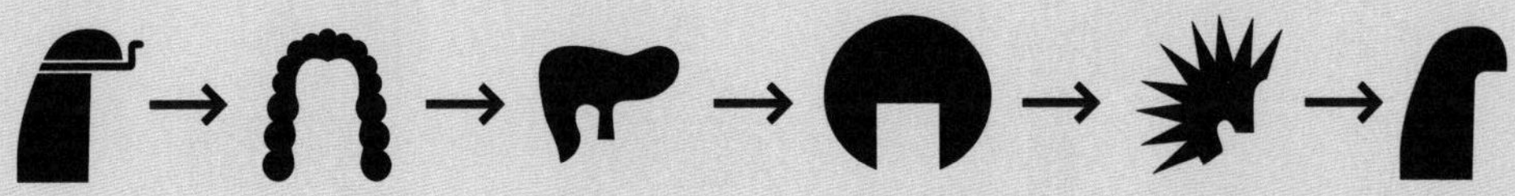

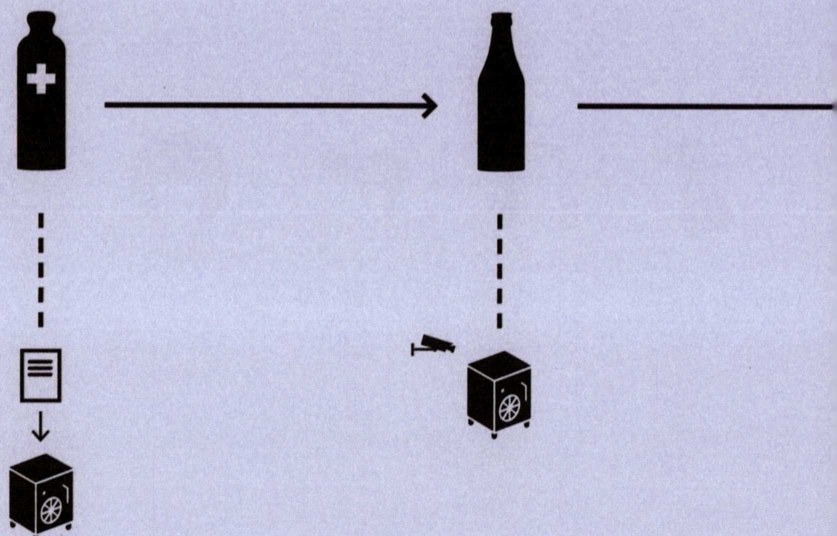

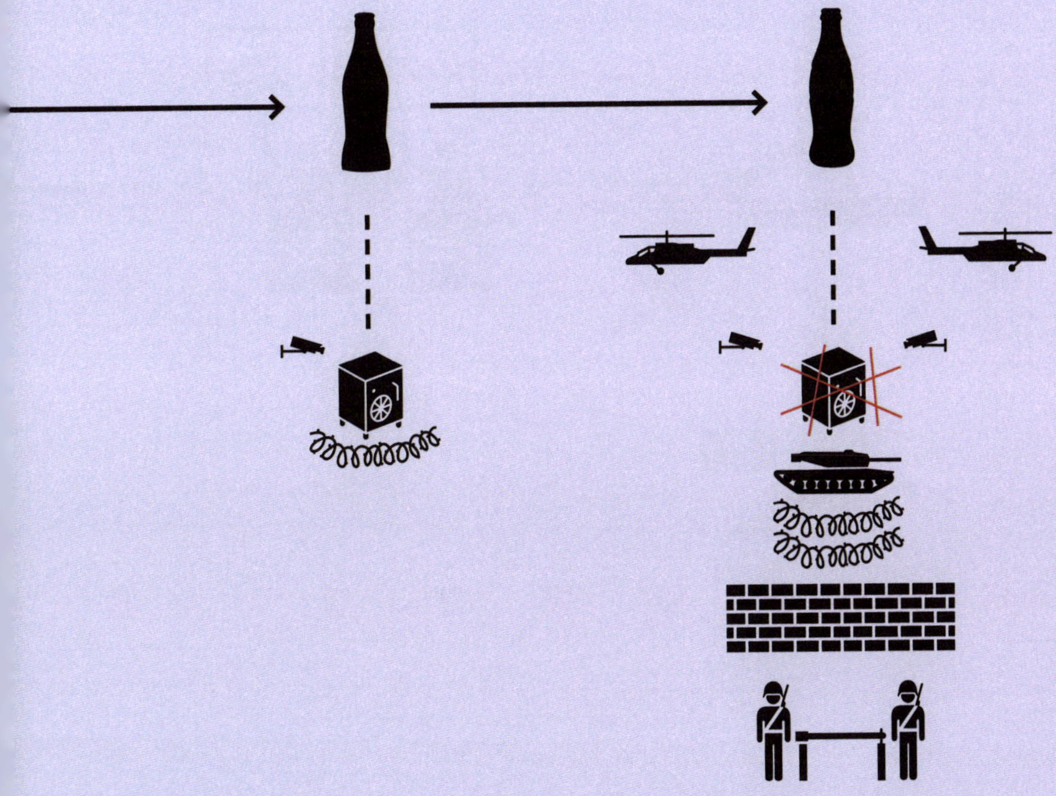

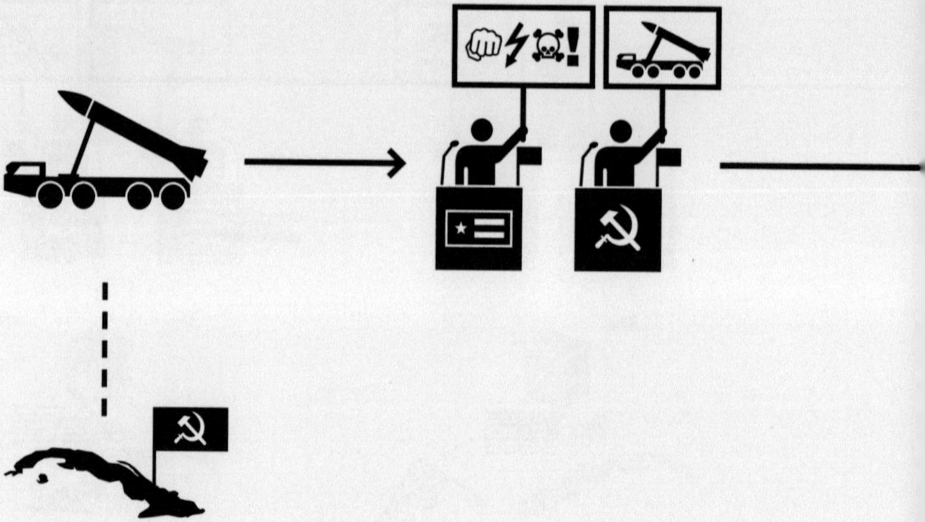

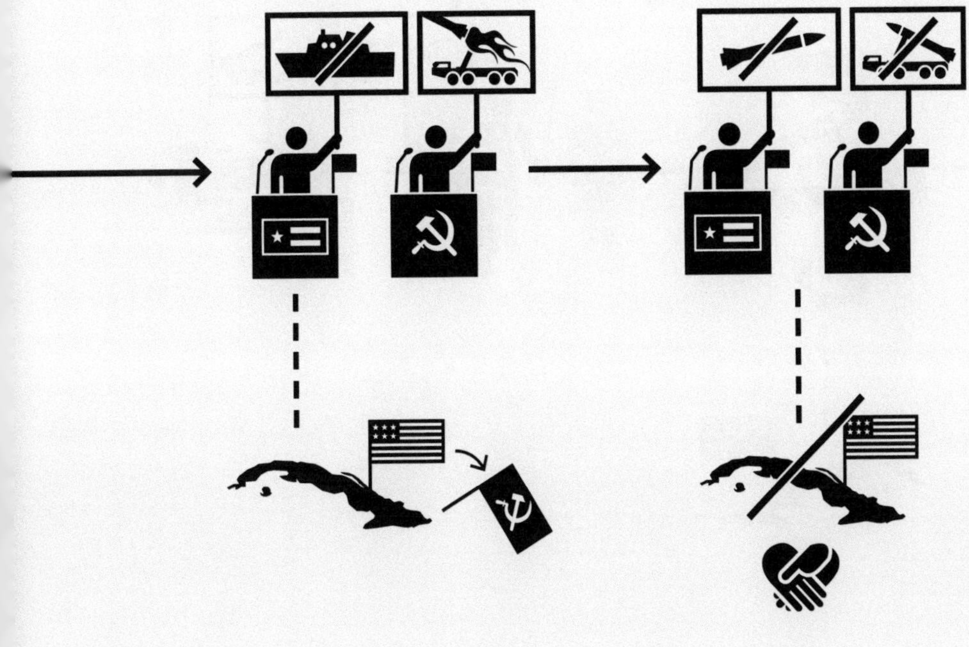

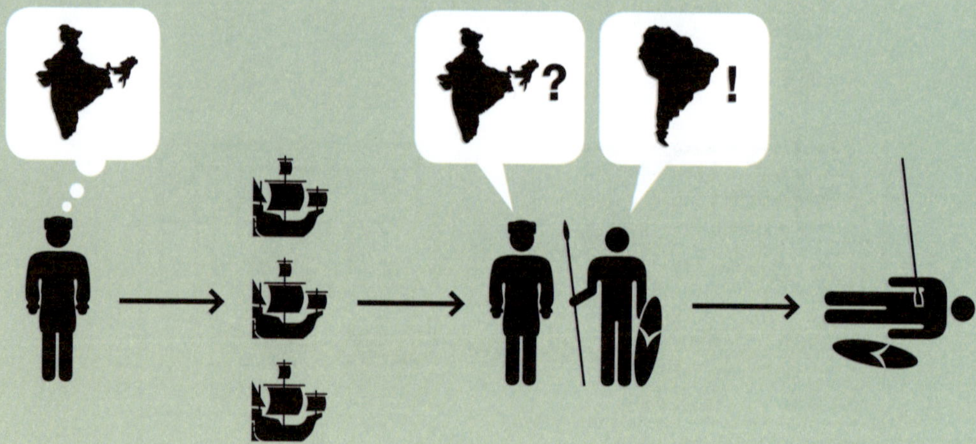

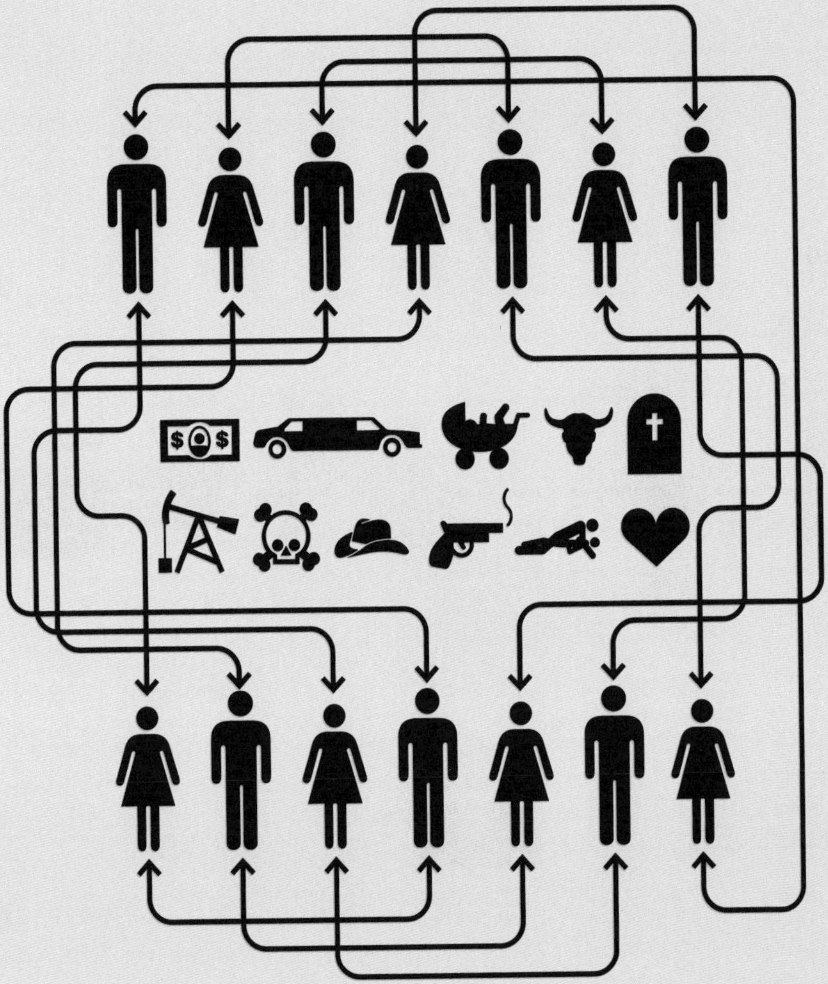

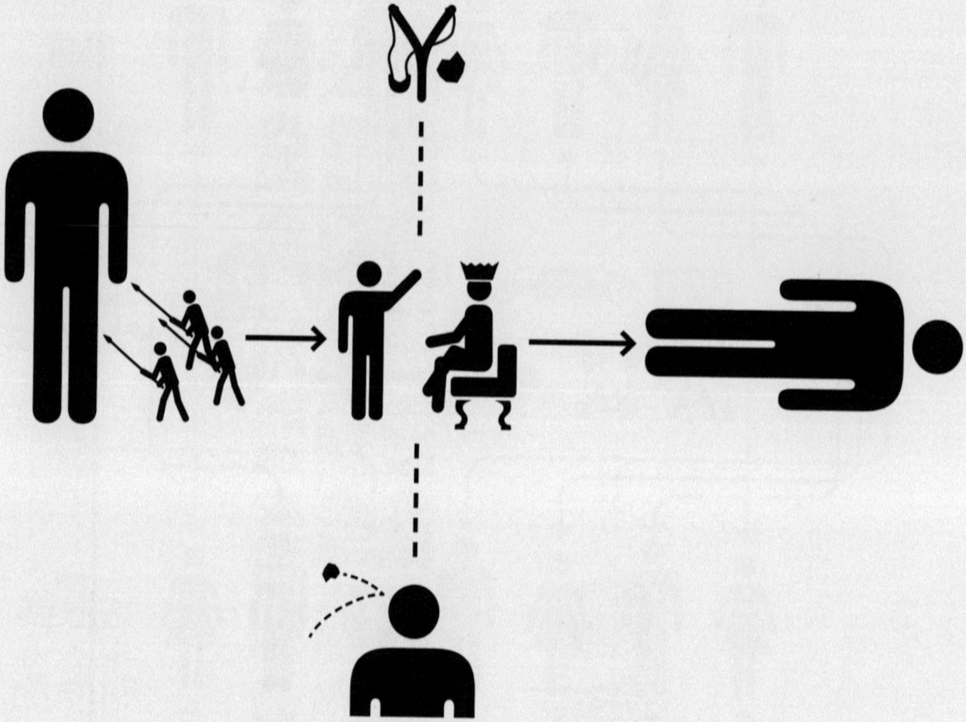

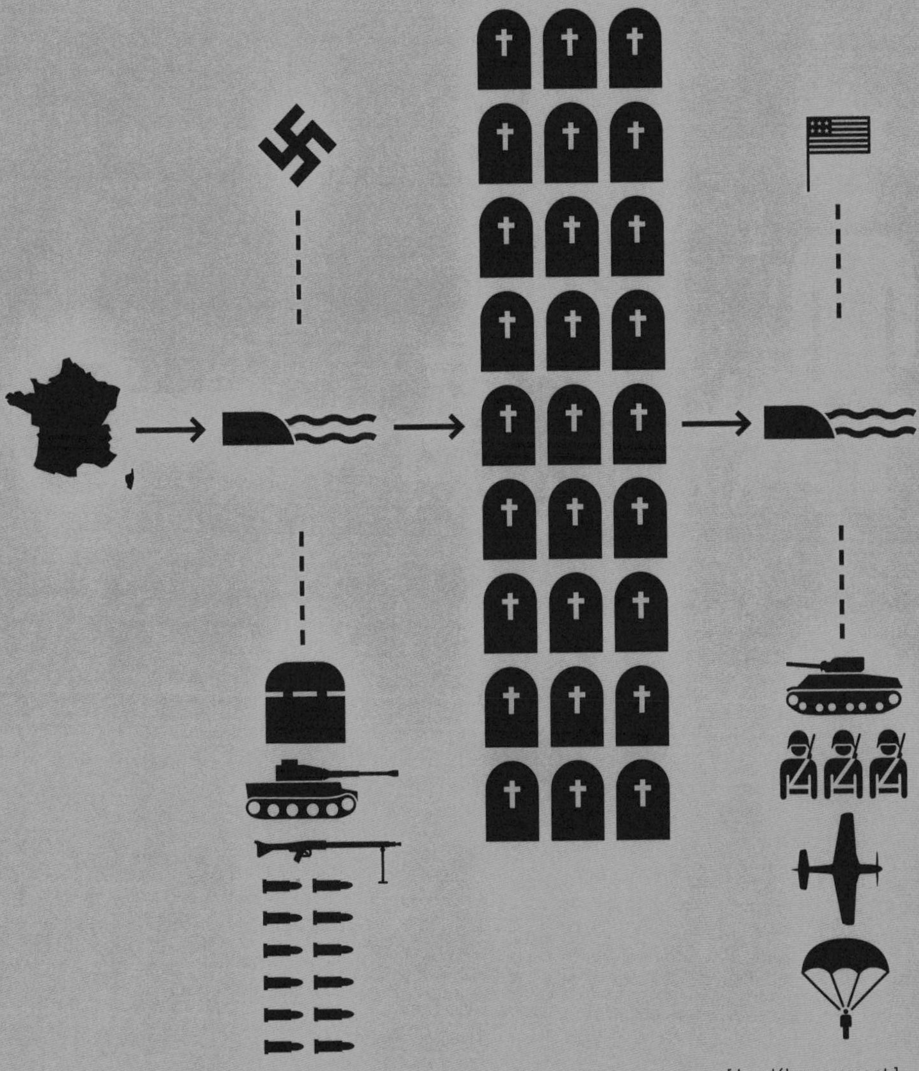

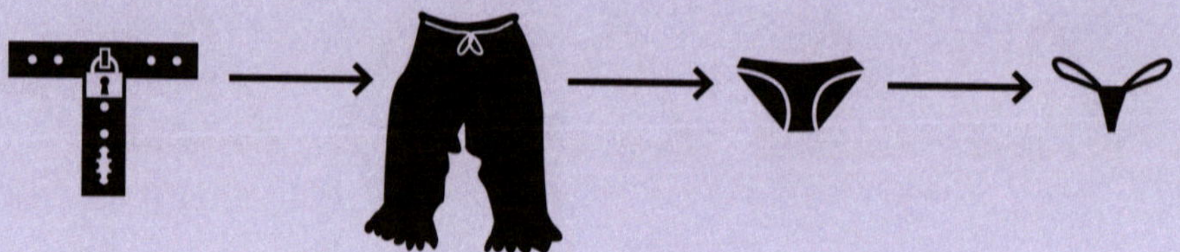

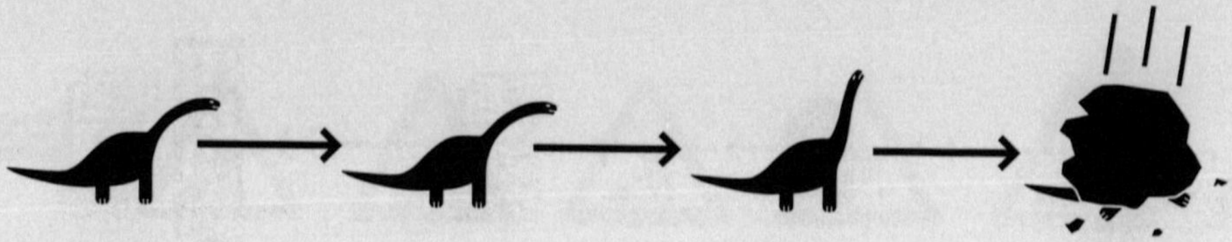

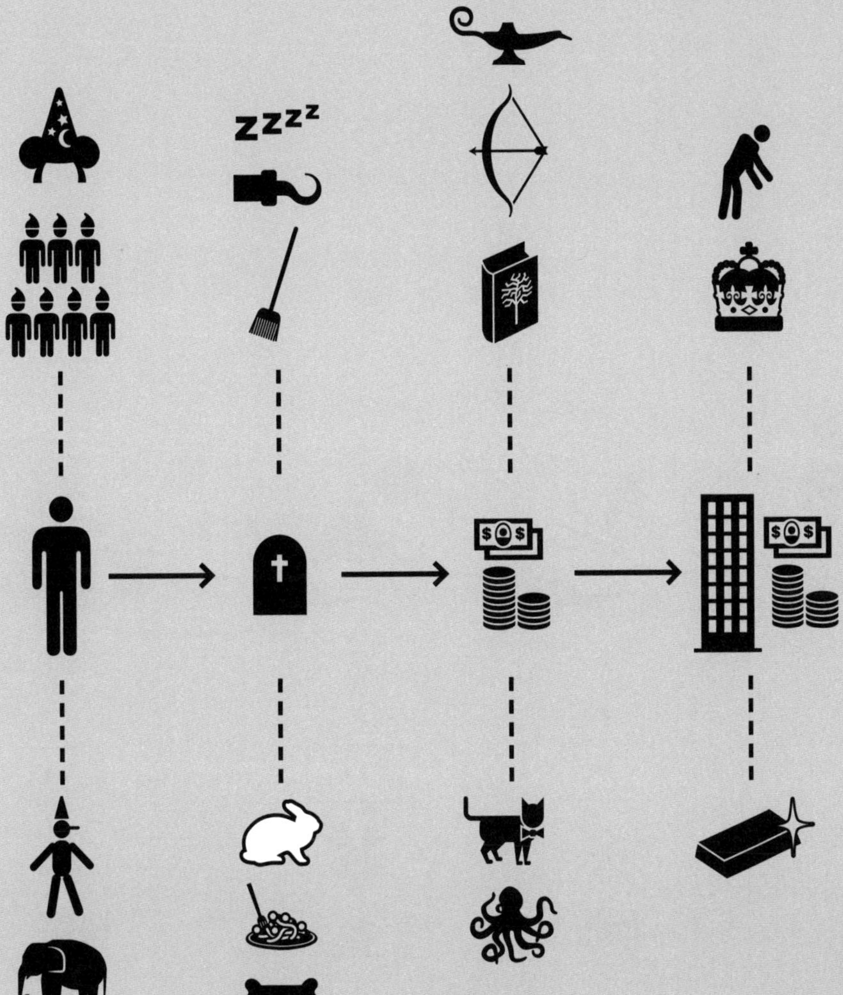

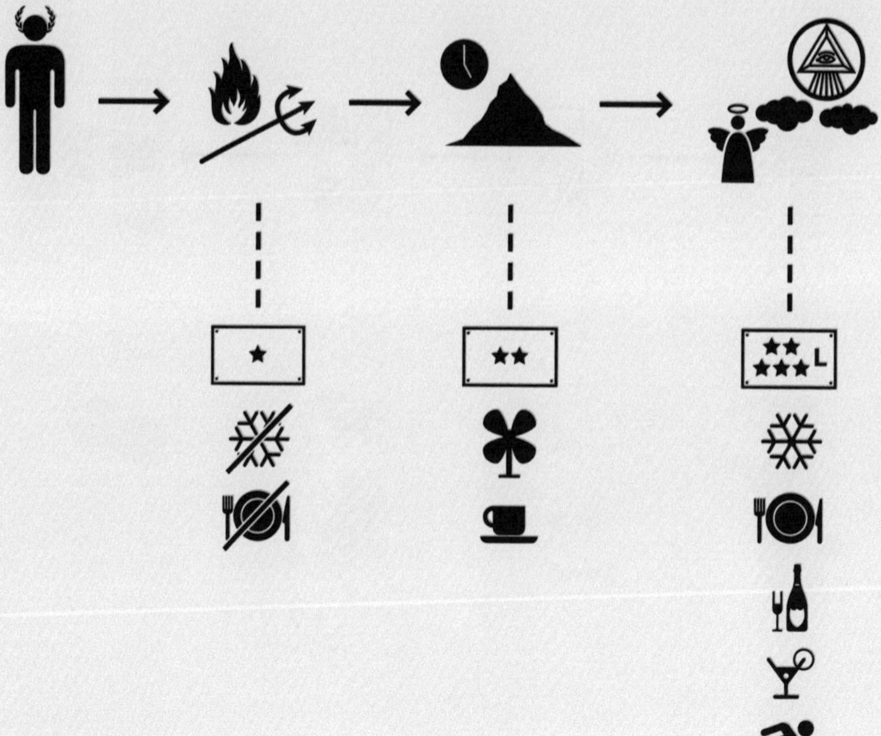

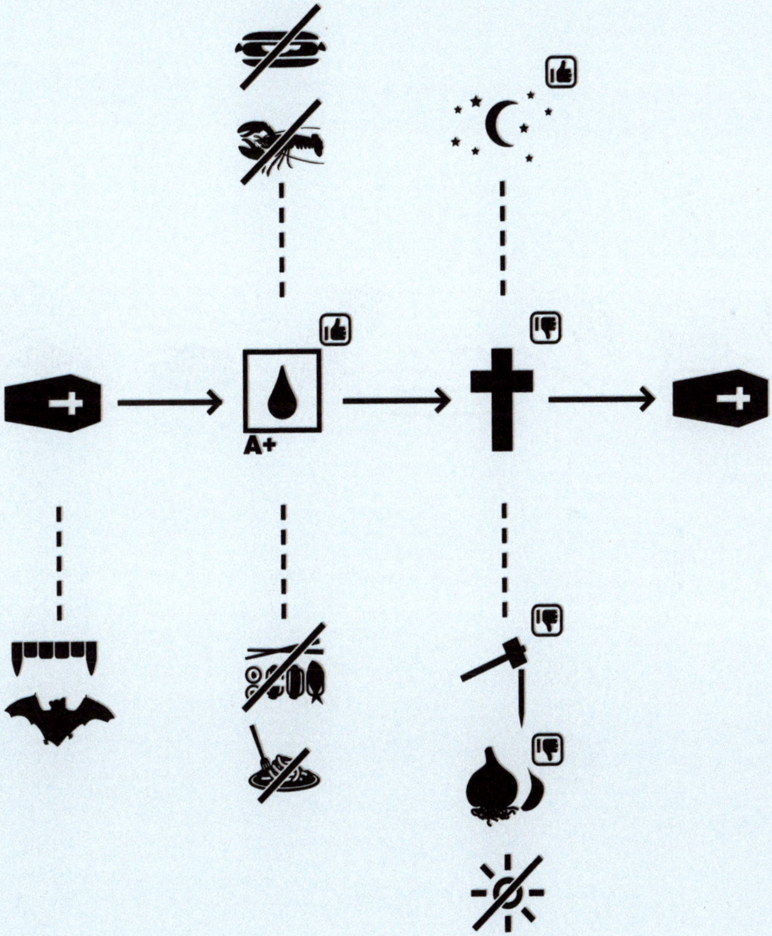
A+

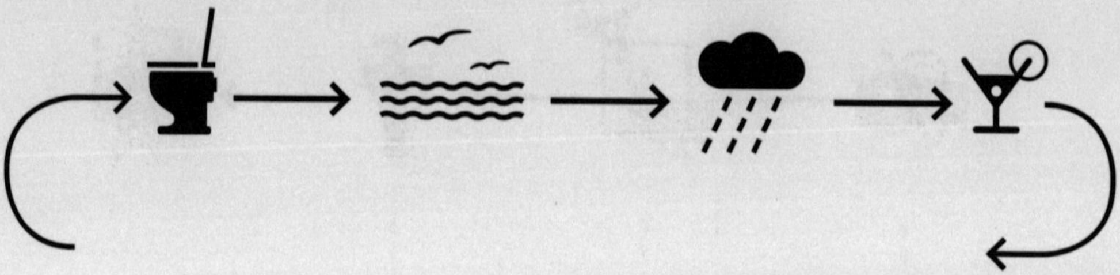

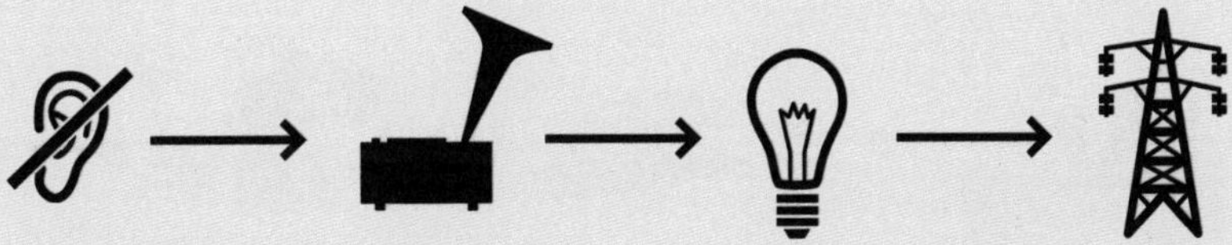

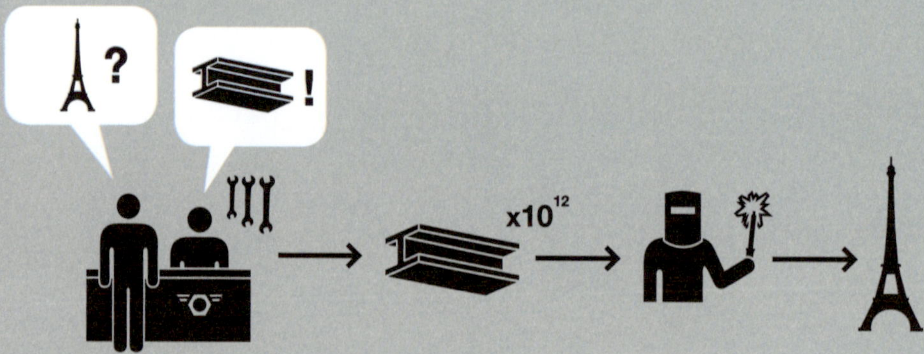
?
!
x10¹²

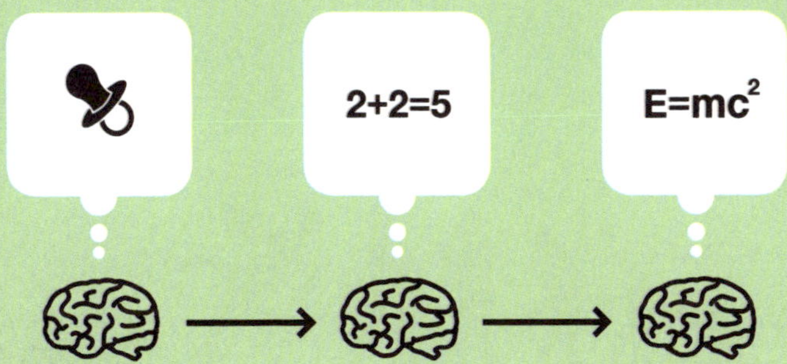
2+2=5
E=mc²

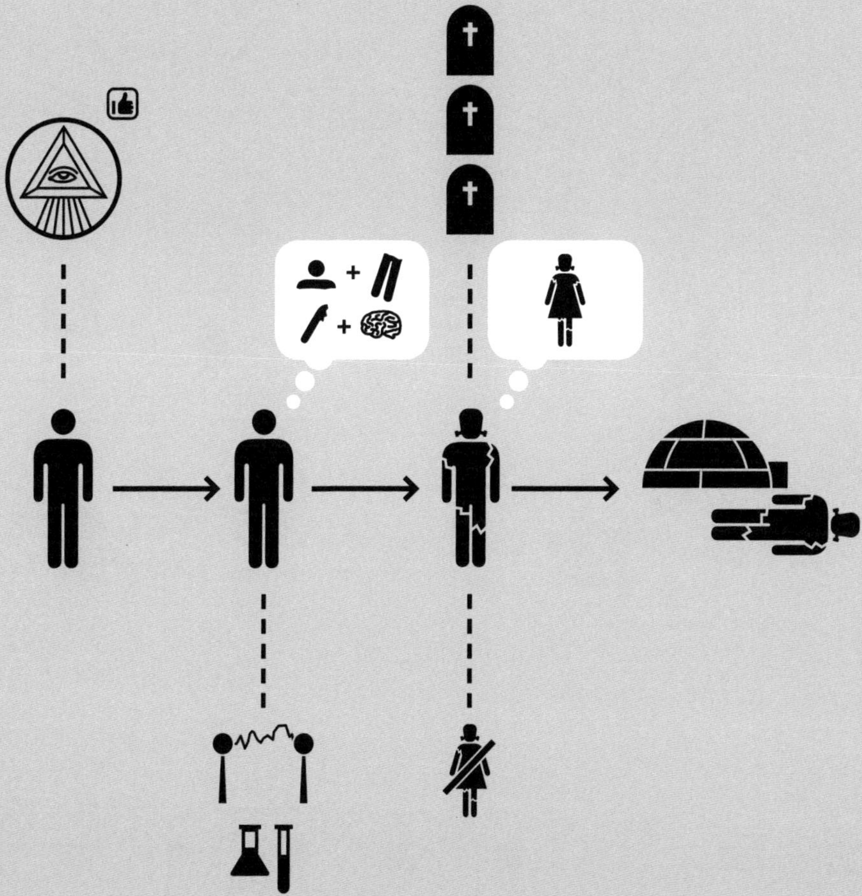

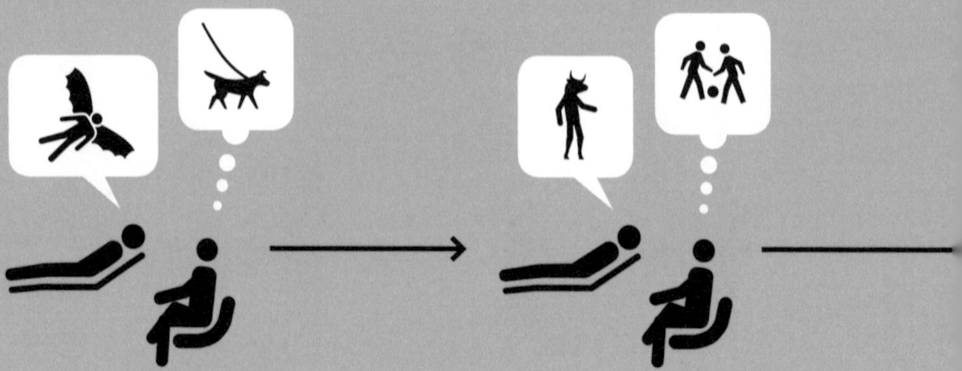

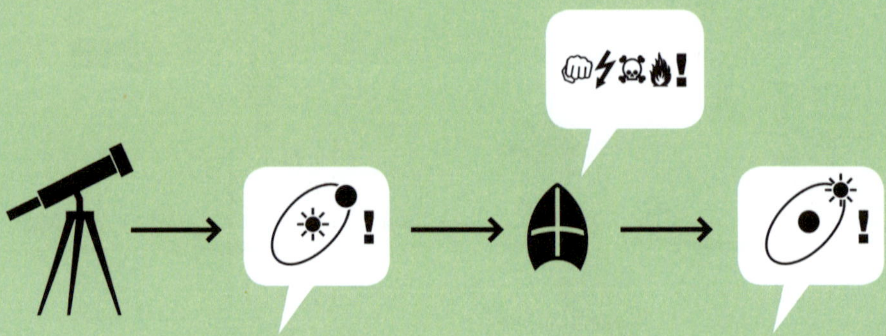

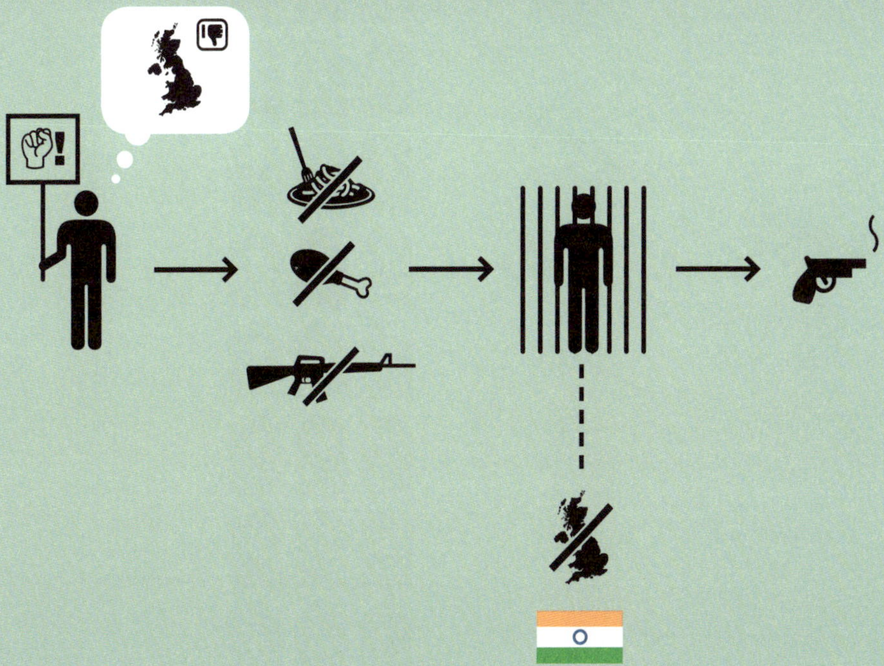

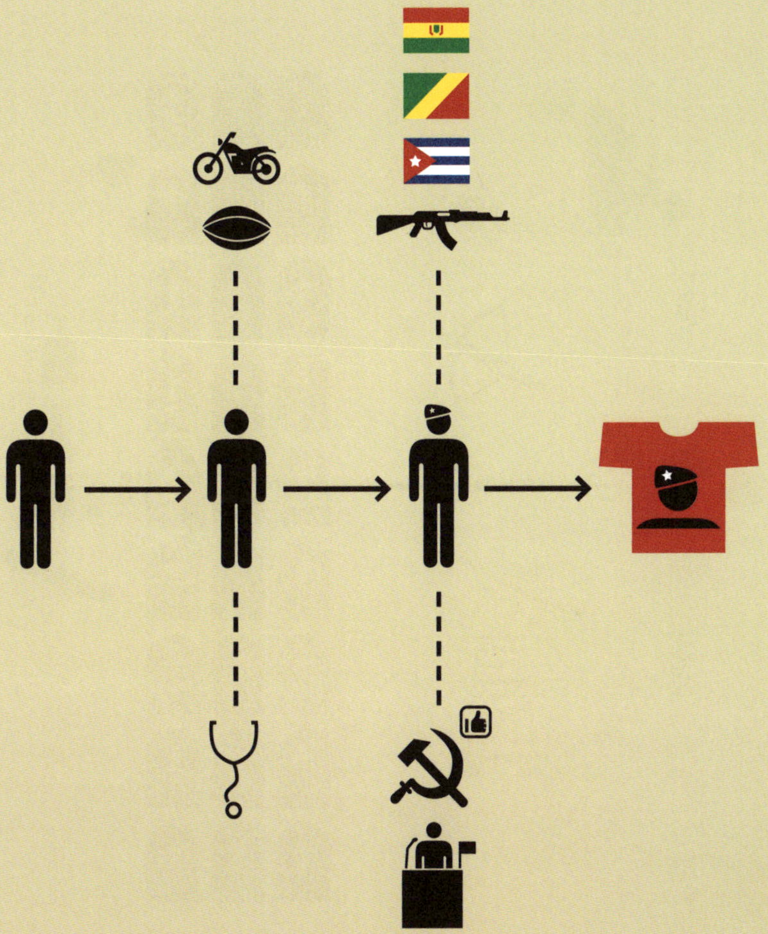

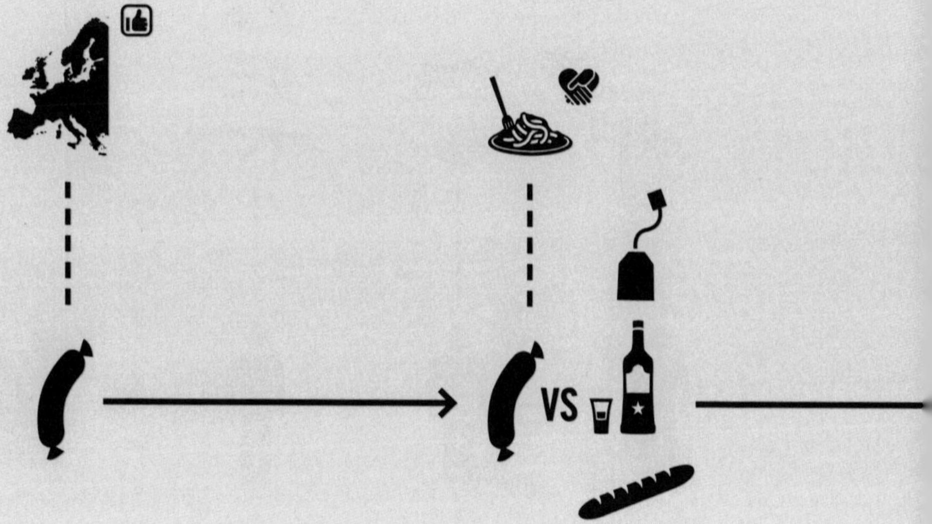
VS

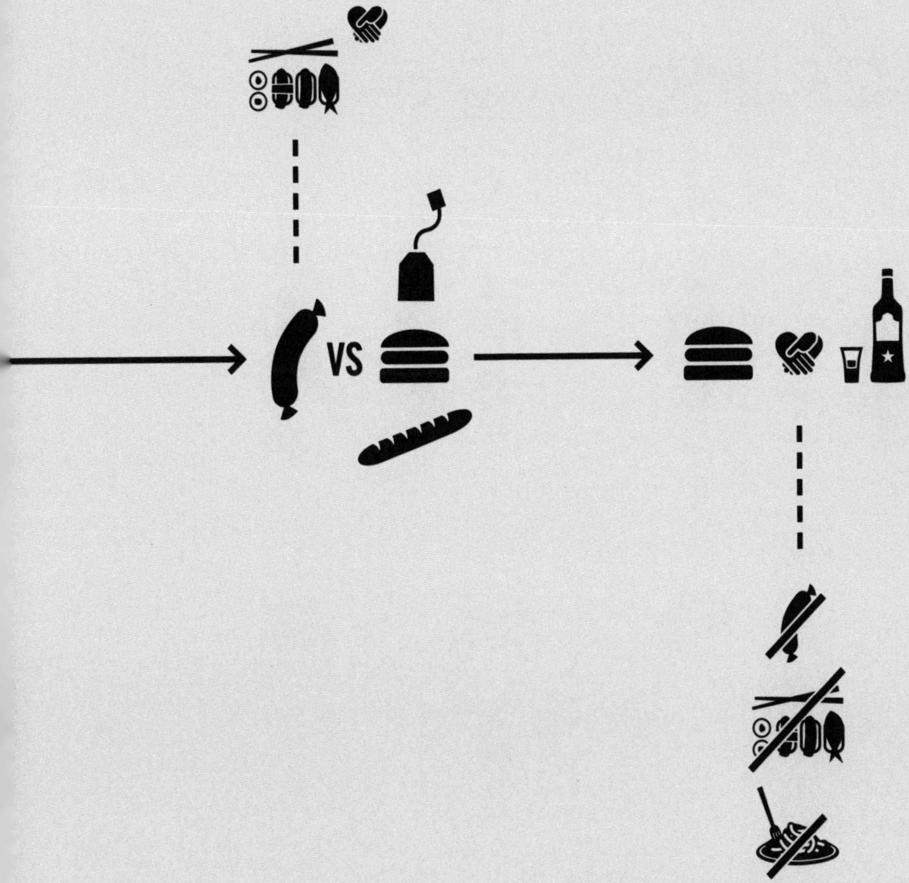
VS

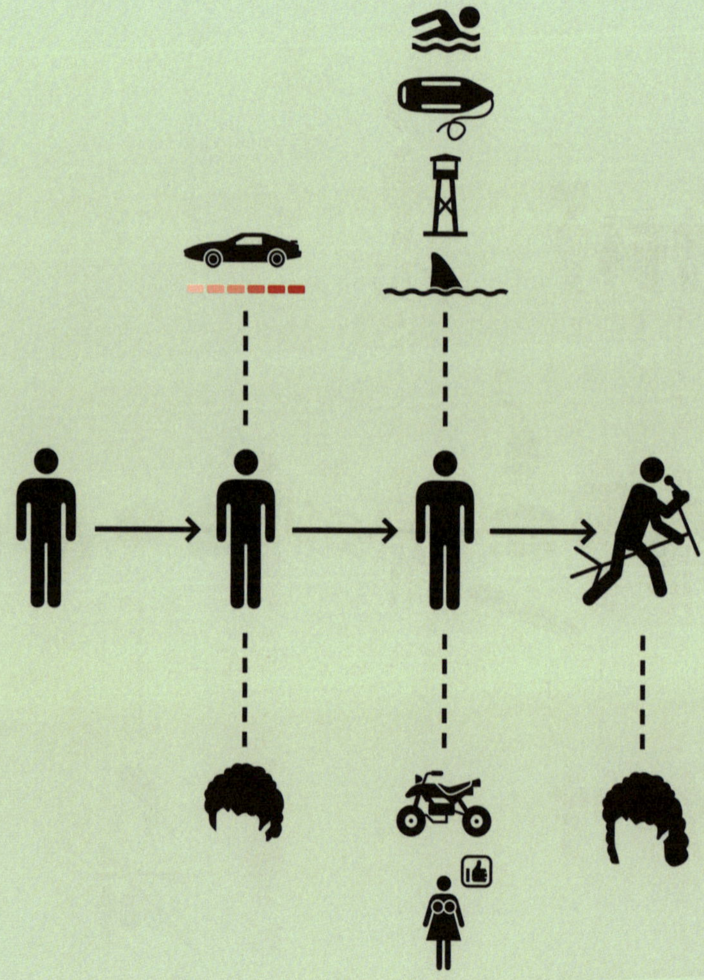

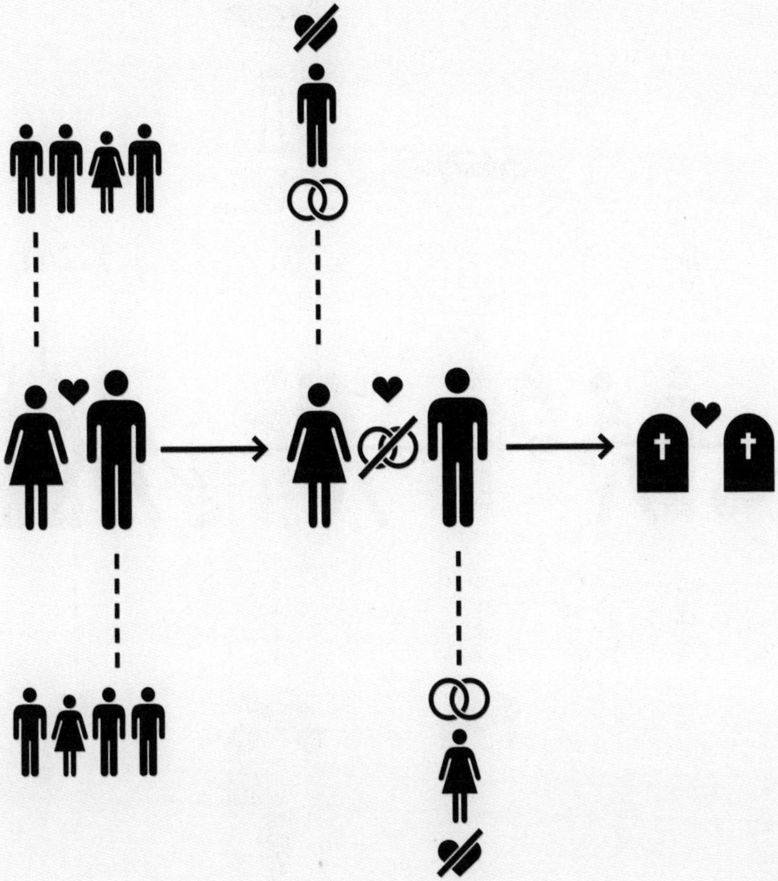

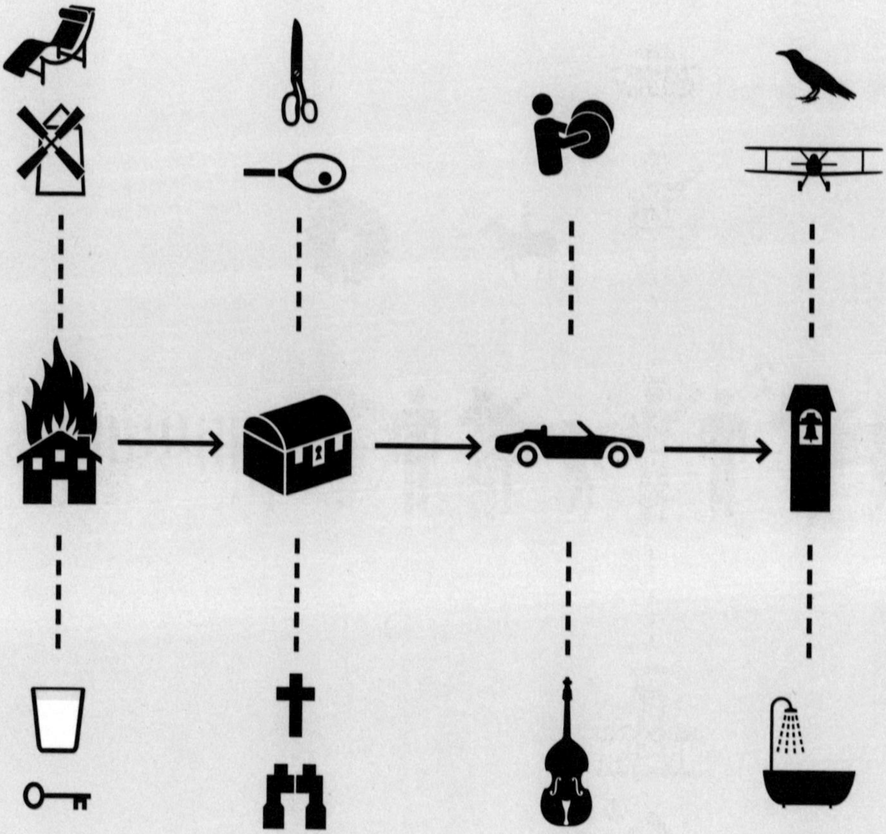

VS
VS

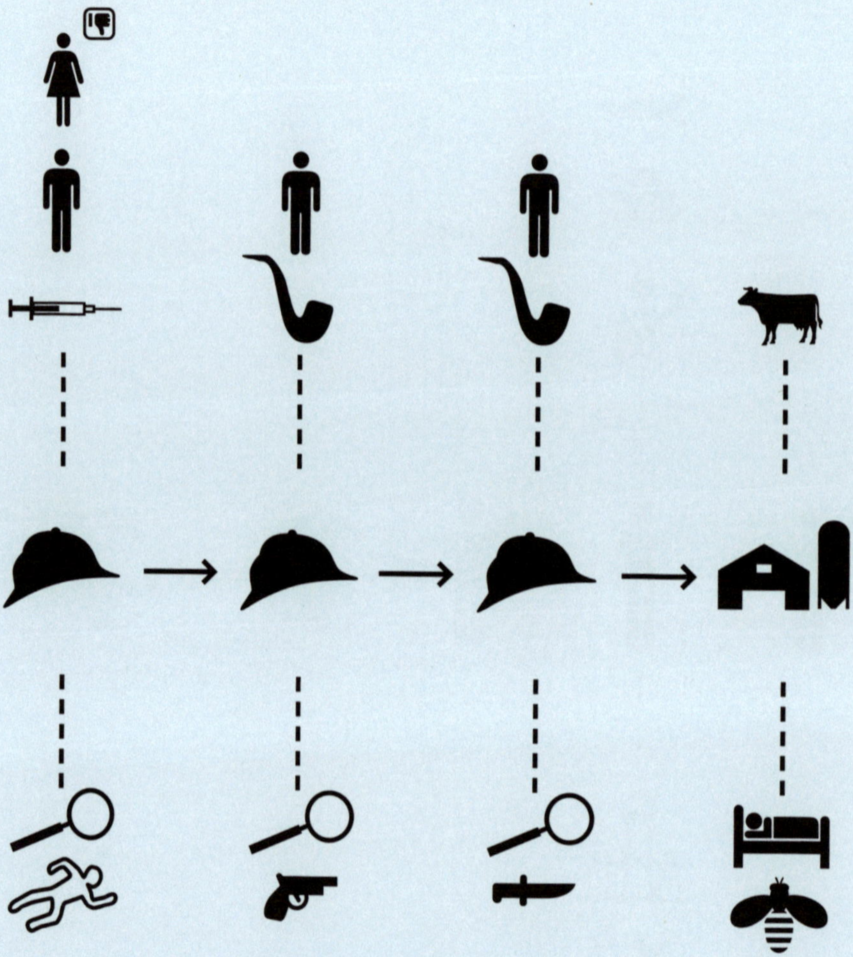

→ → →

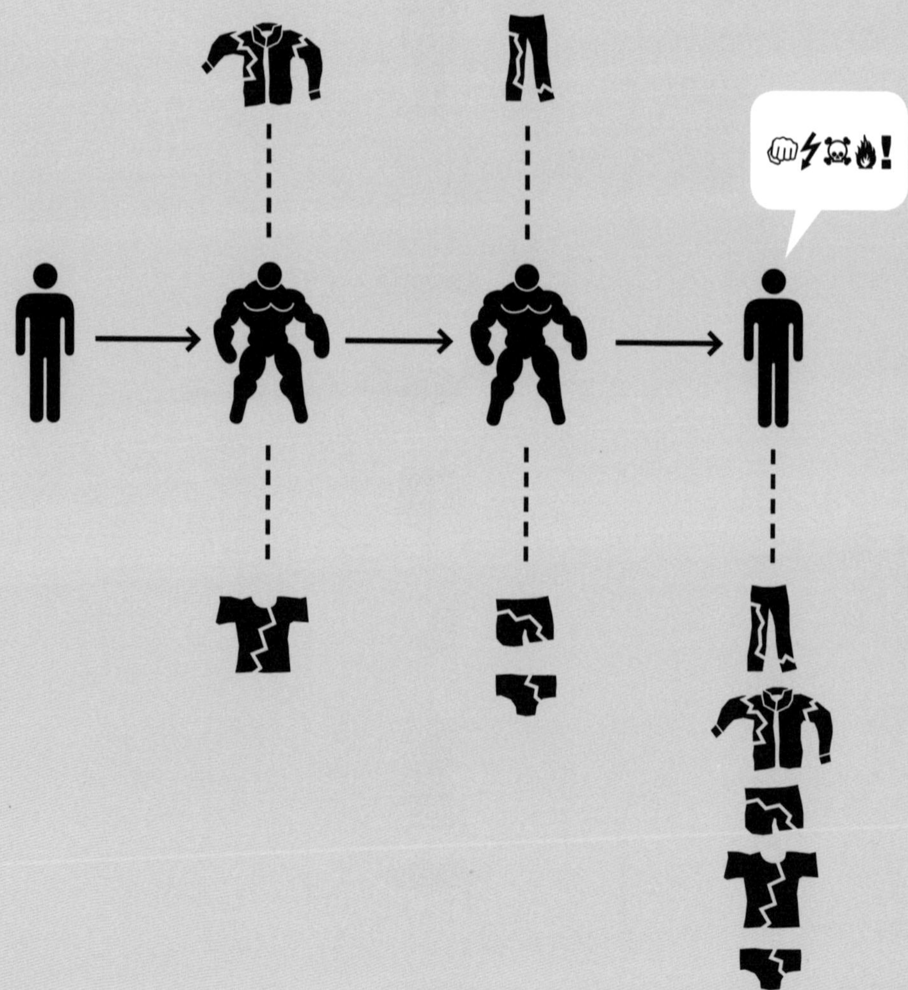

x 3
x 4
x 1
x 1
x 1
x 1
x 1
x 1
x 1
x 1
x 10^{12}

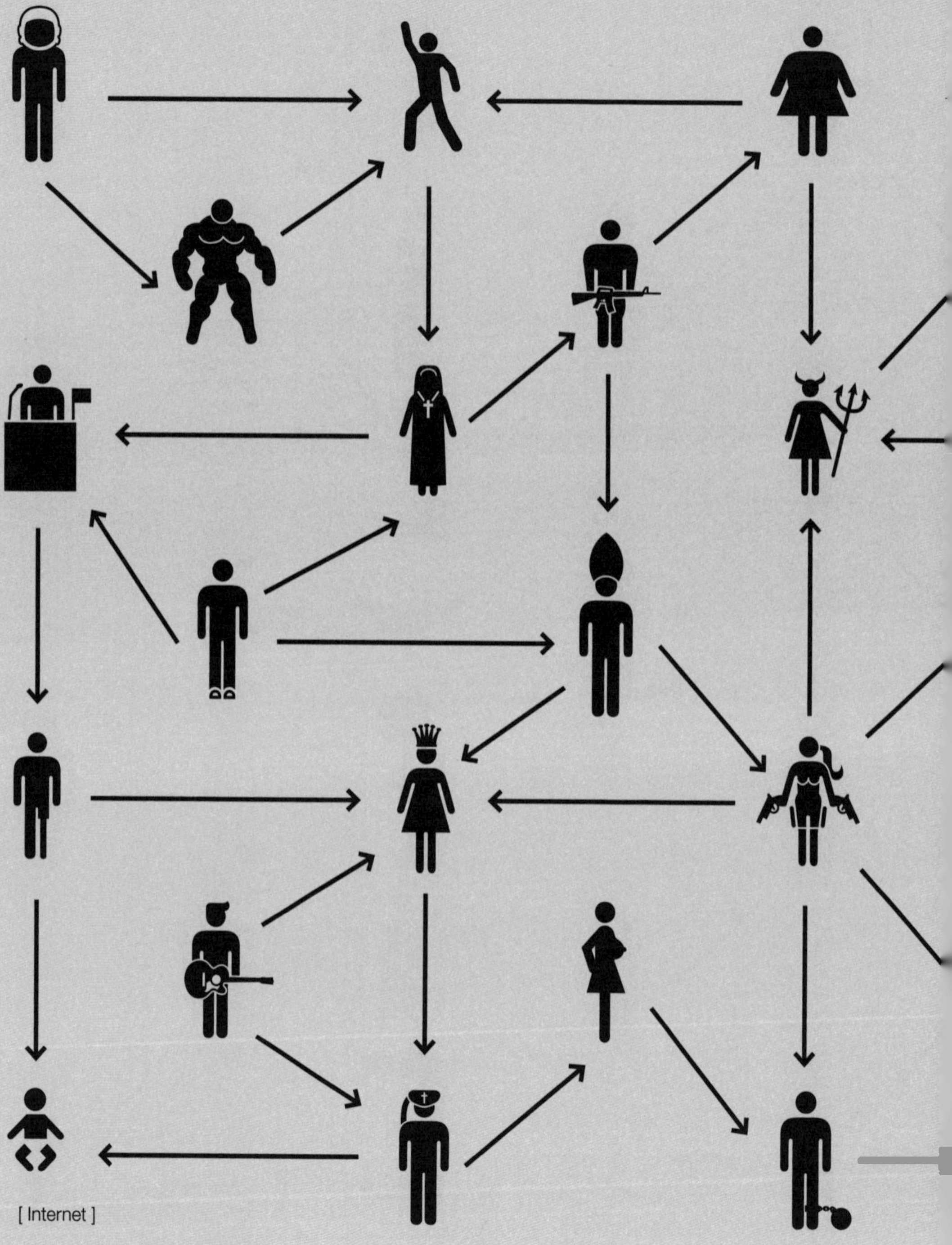

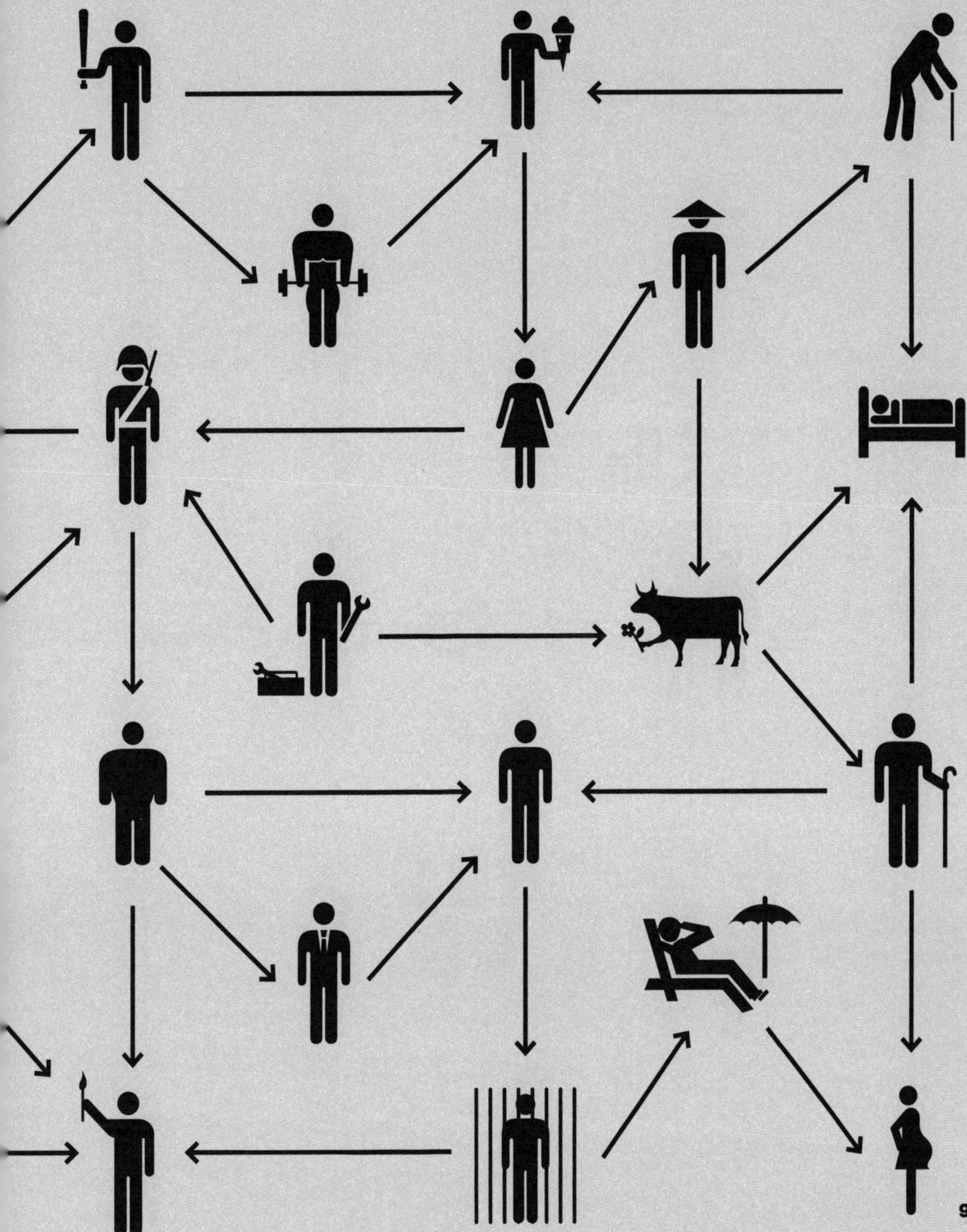

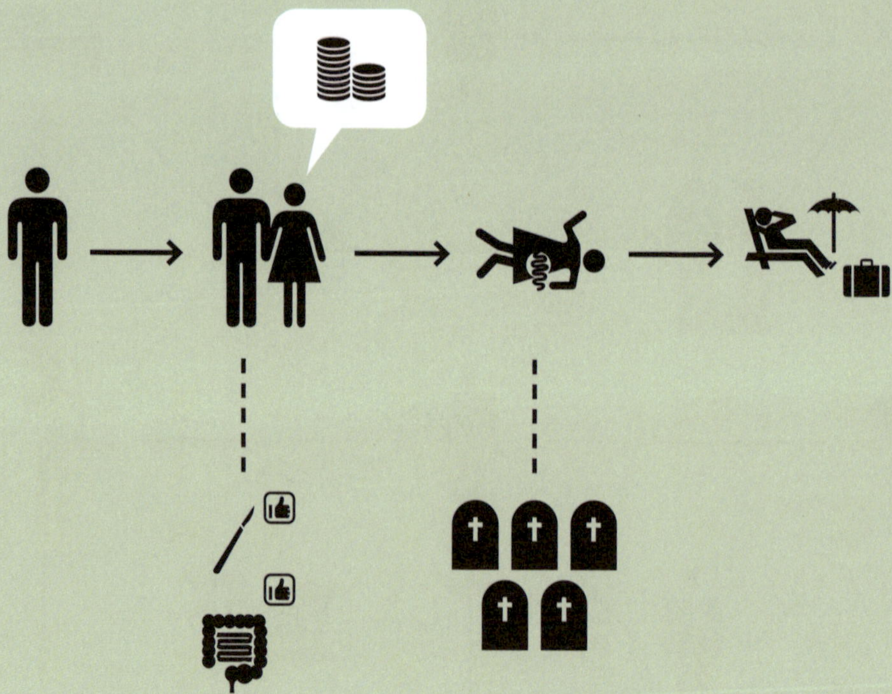

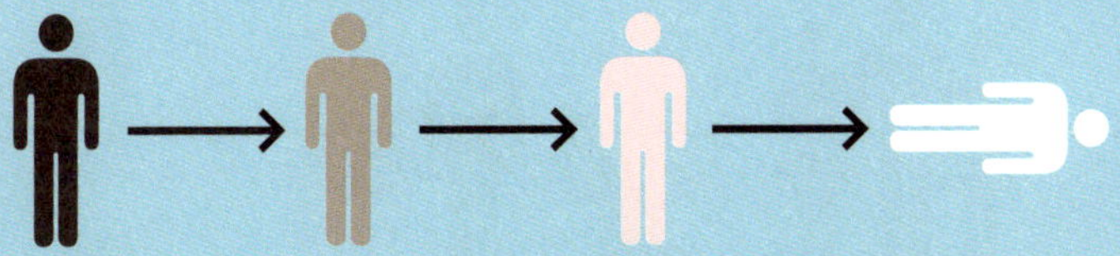

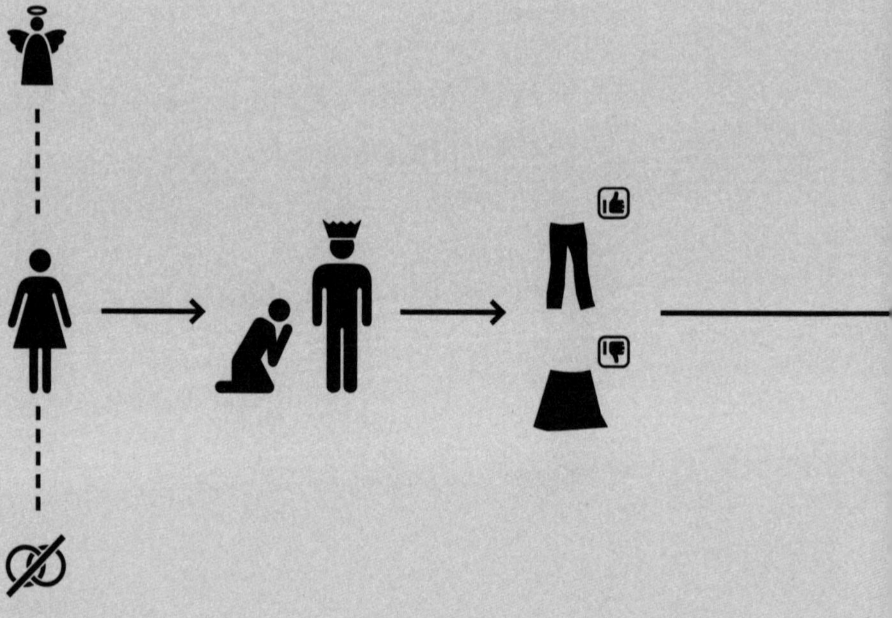

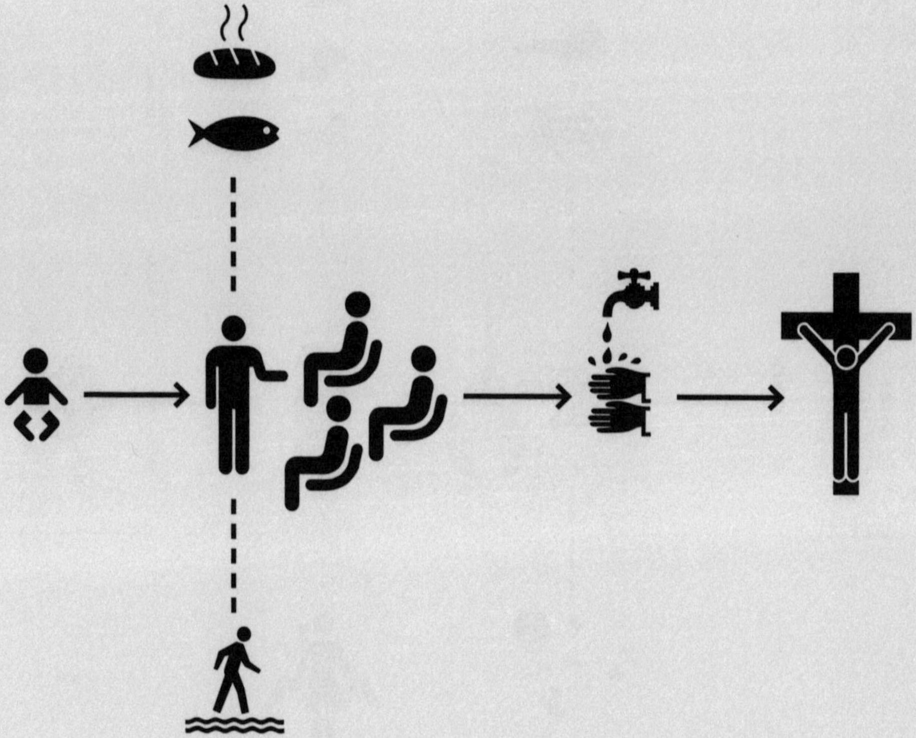

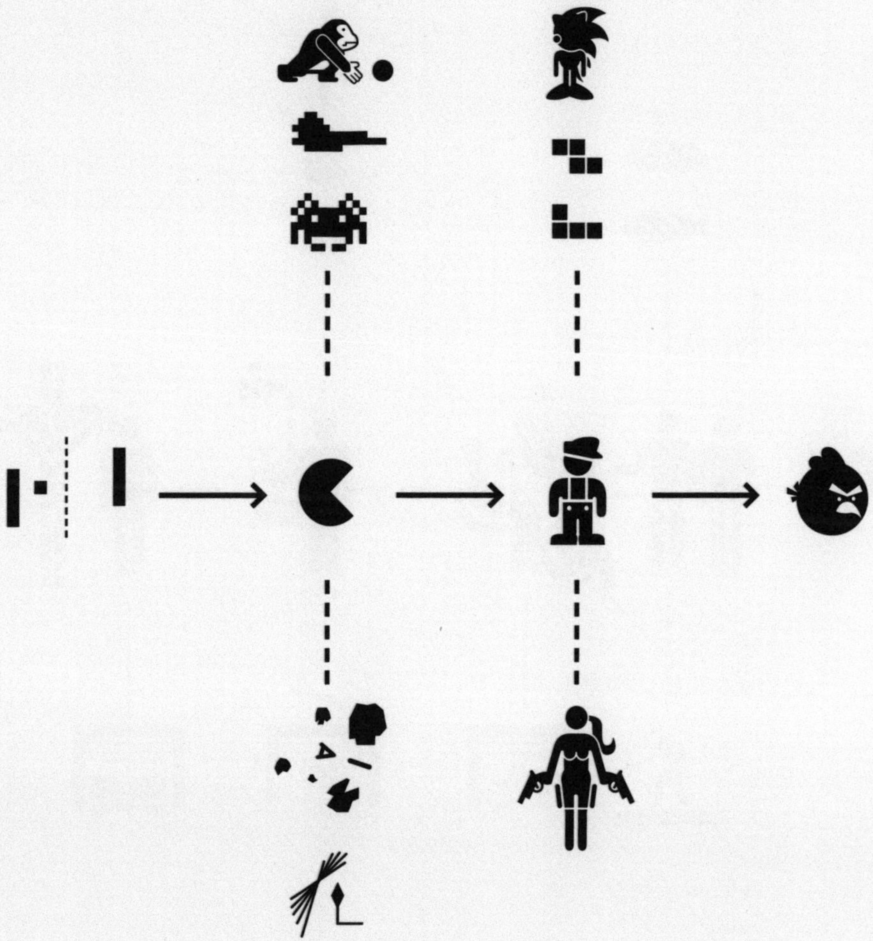

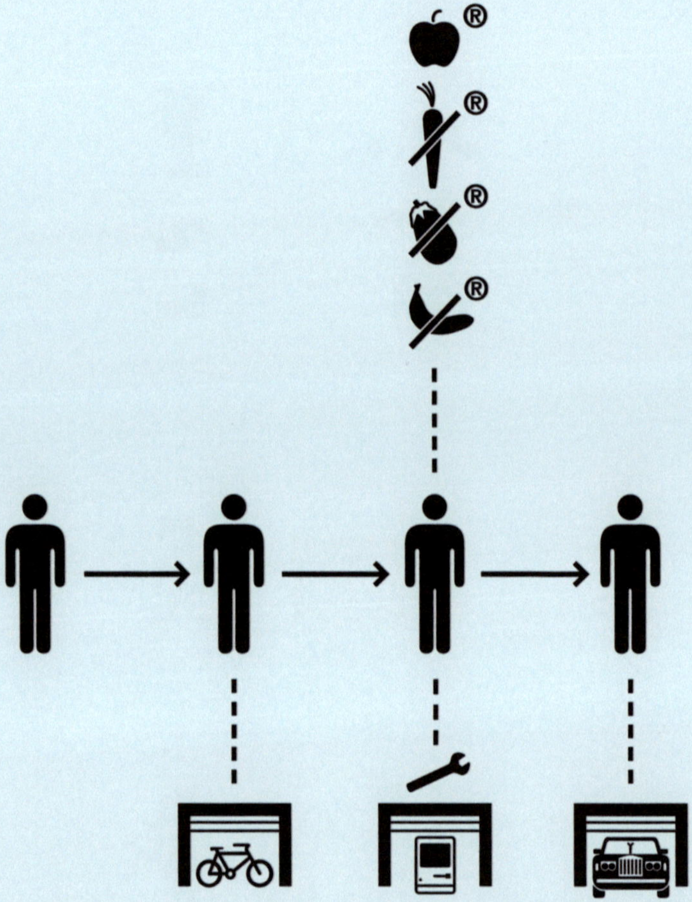

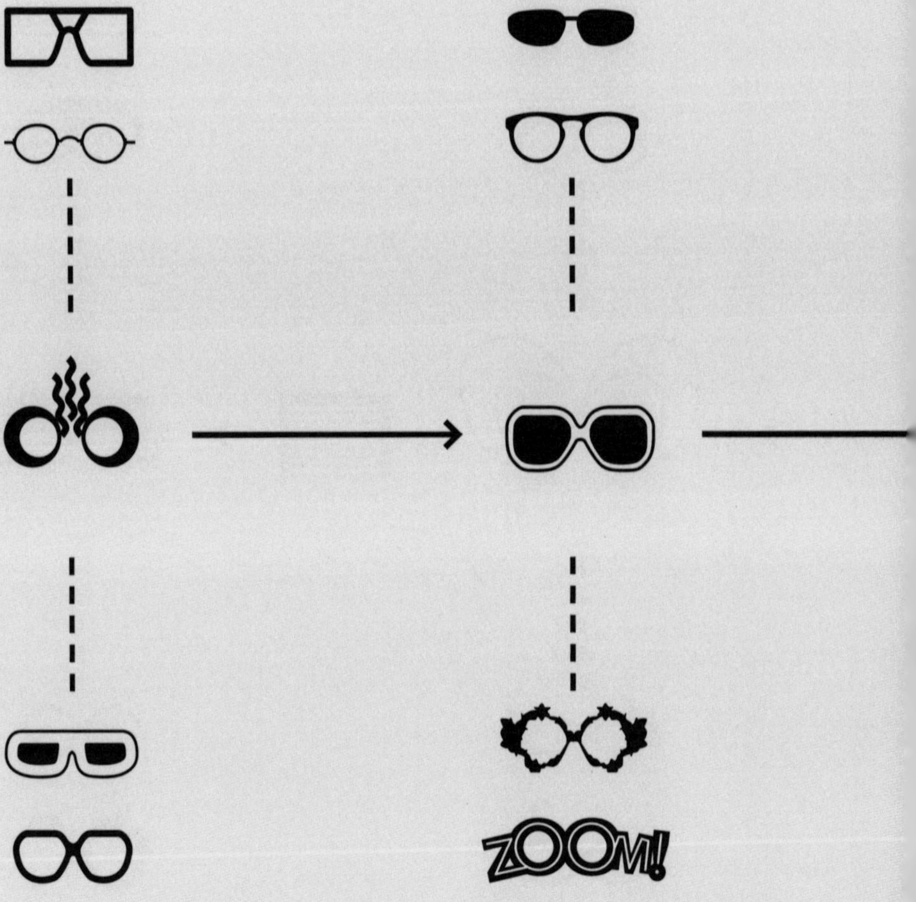
ZOOM!

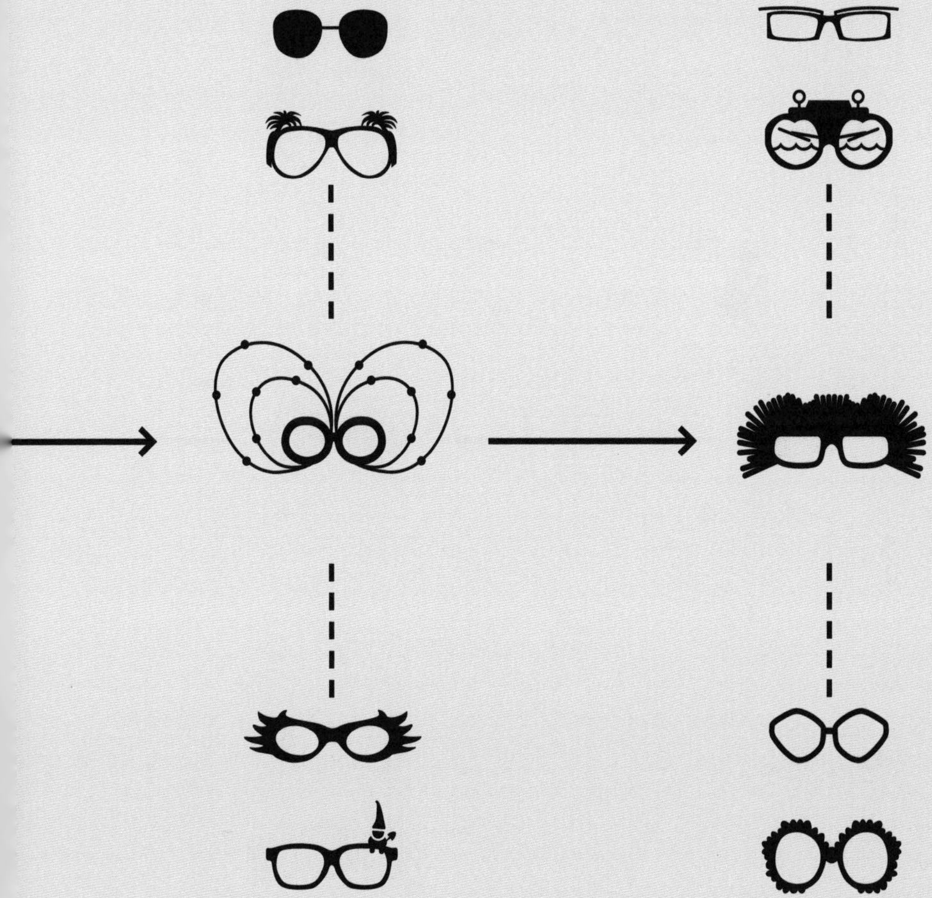

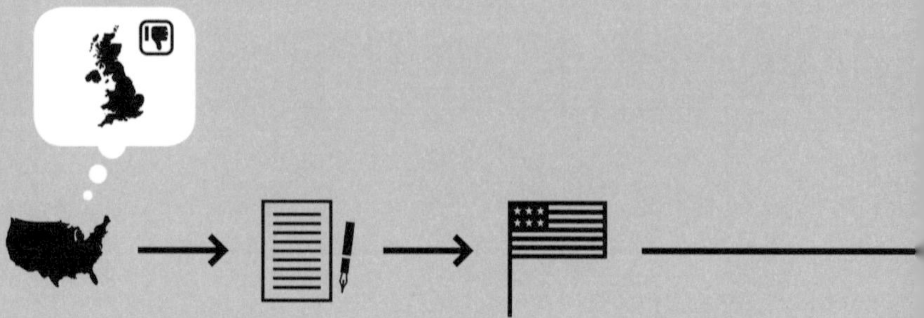

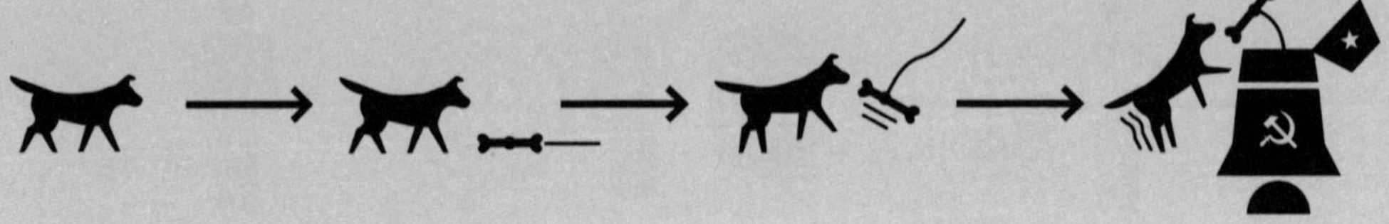

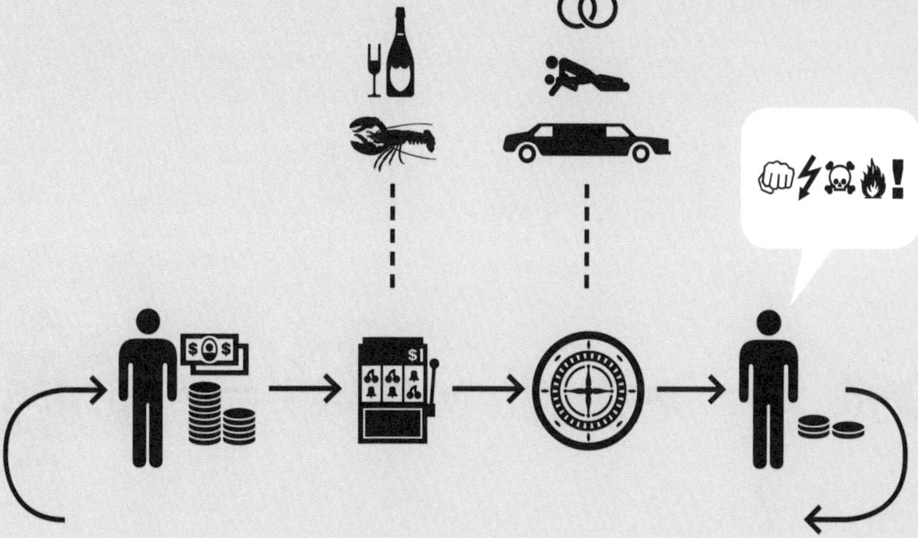

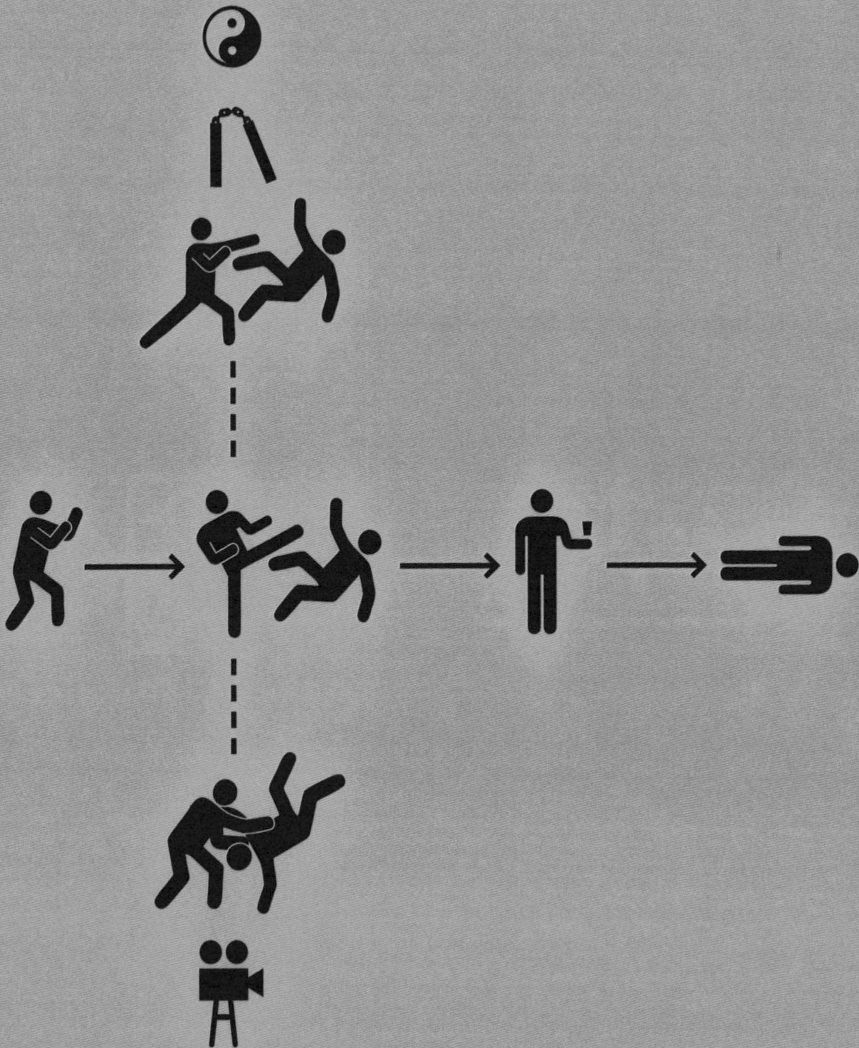

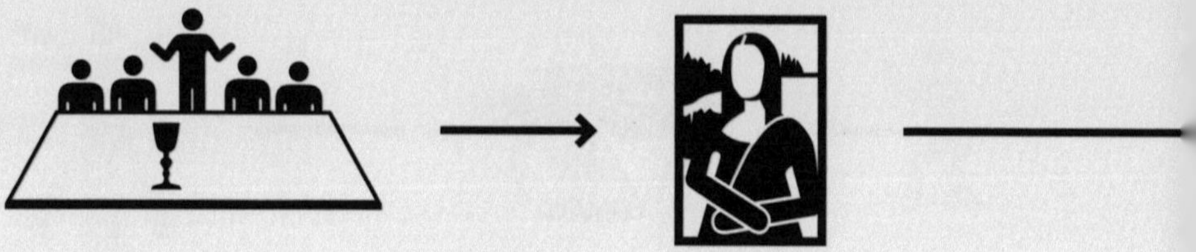

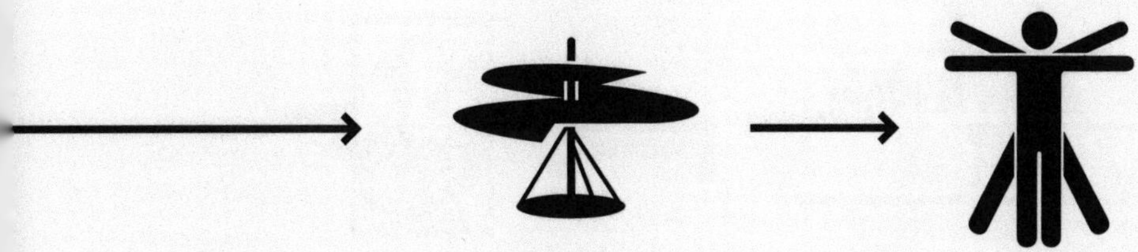

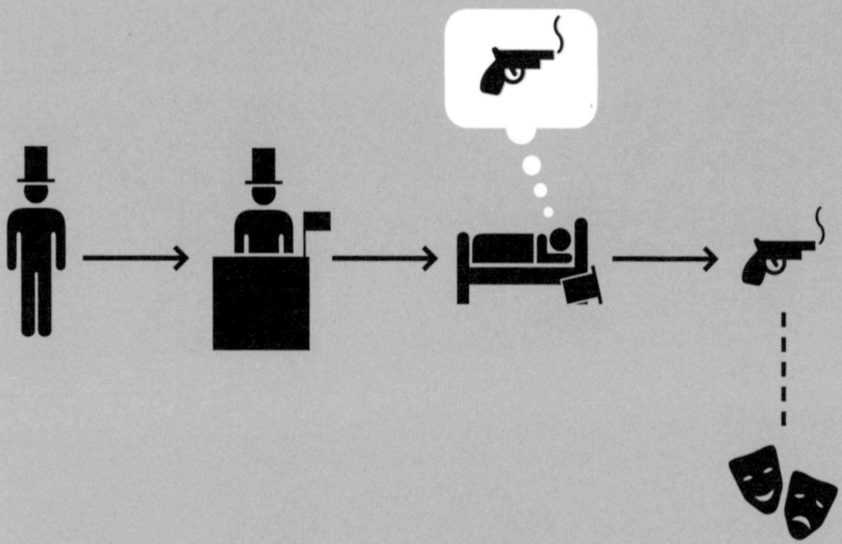

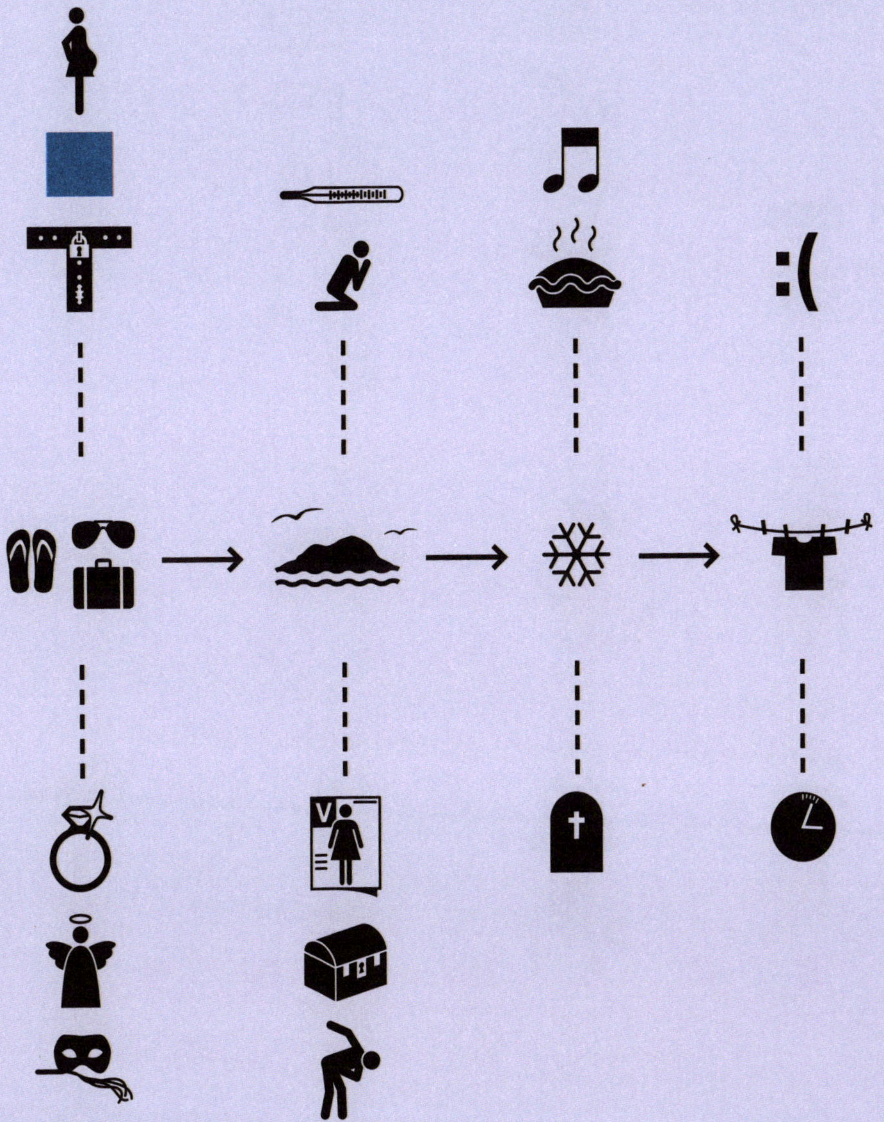

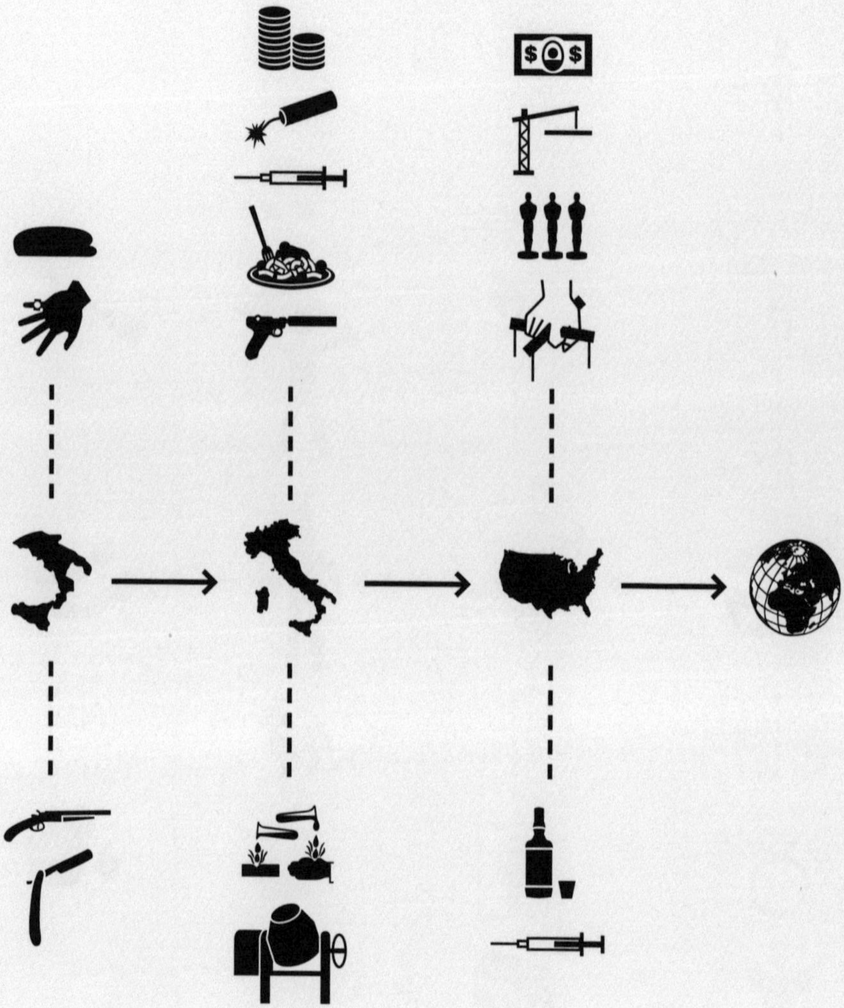

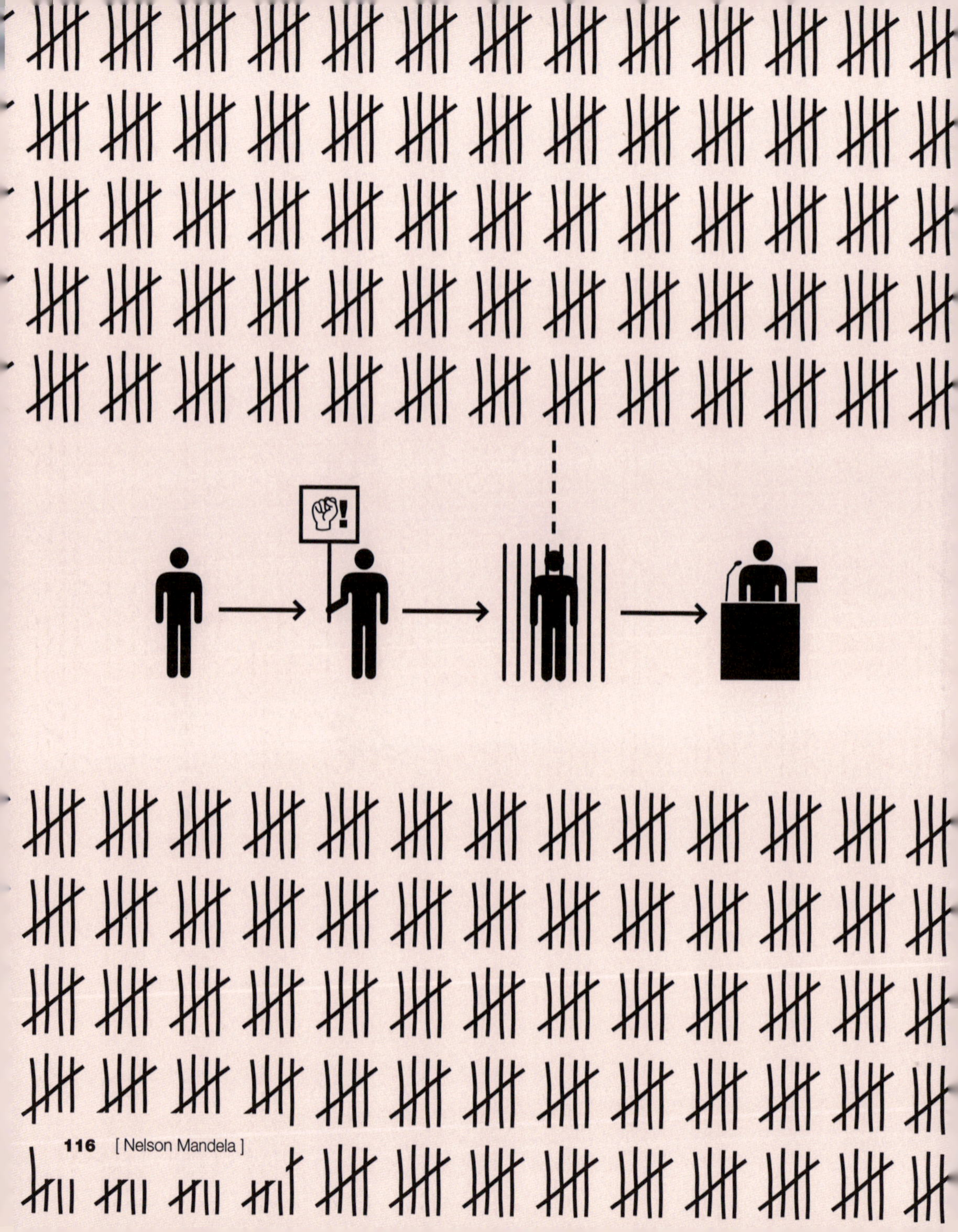

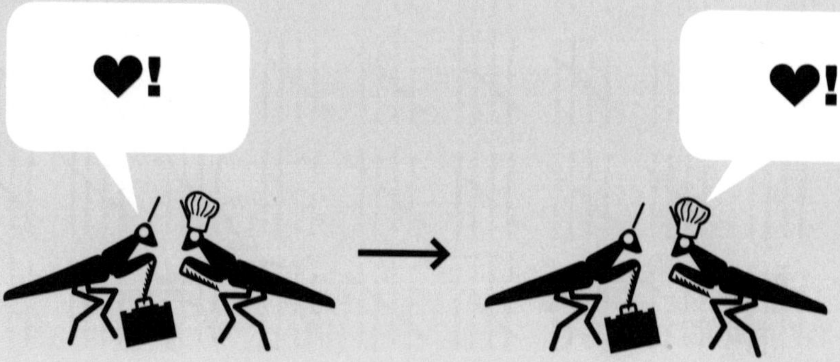

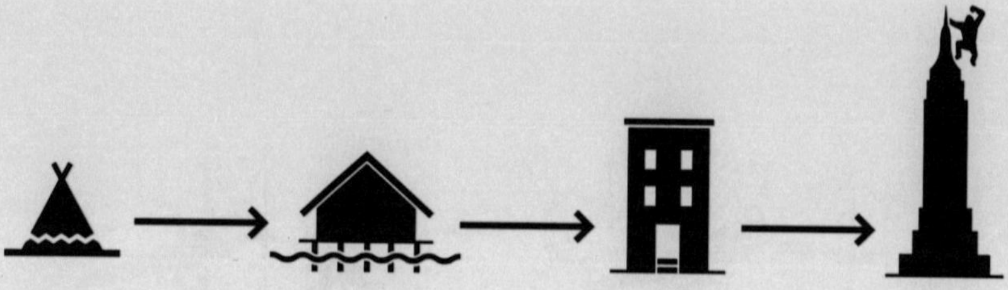

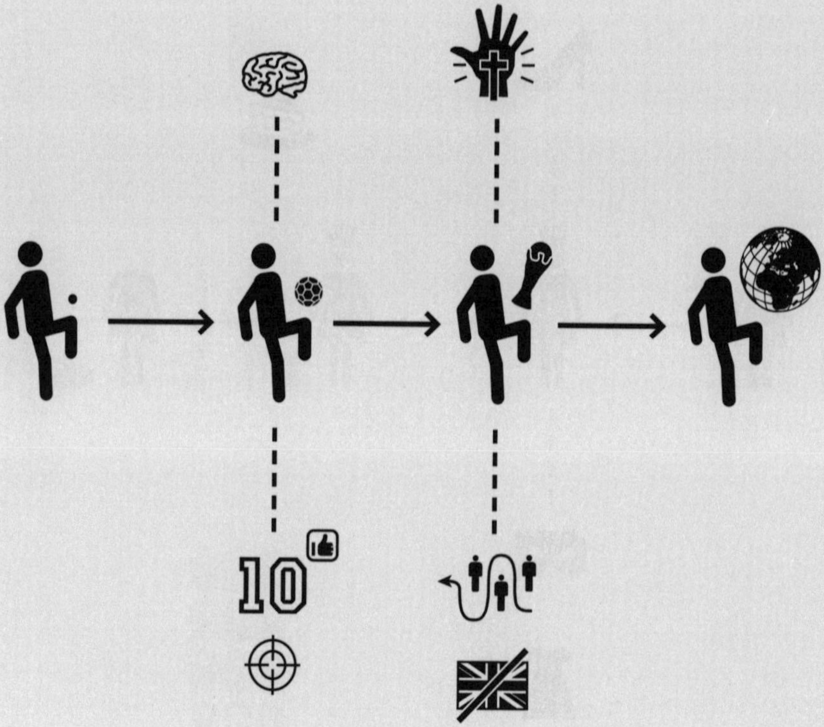
10

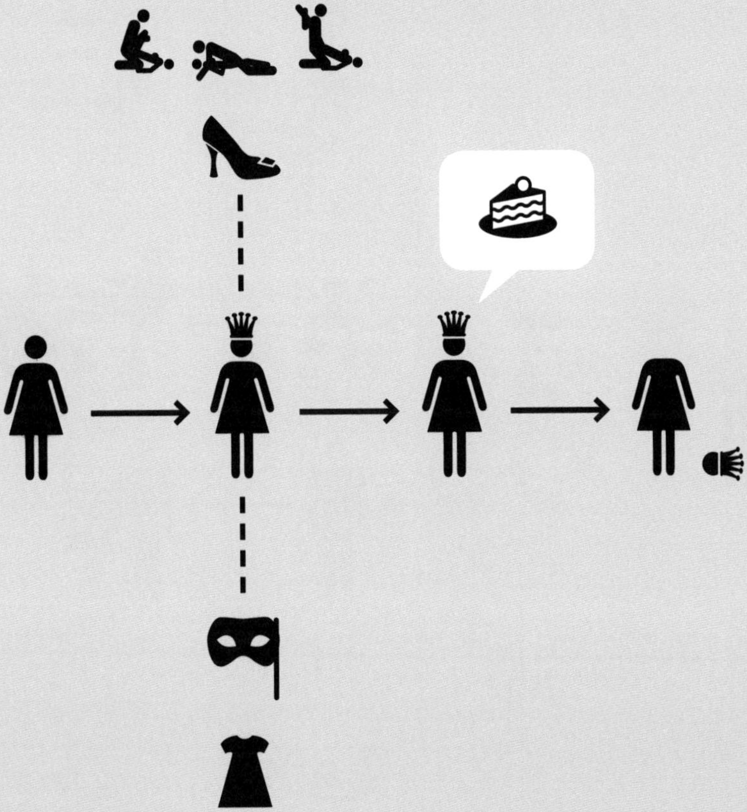

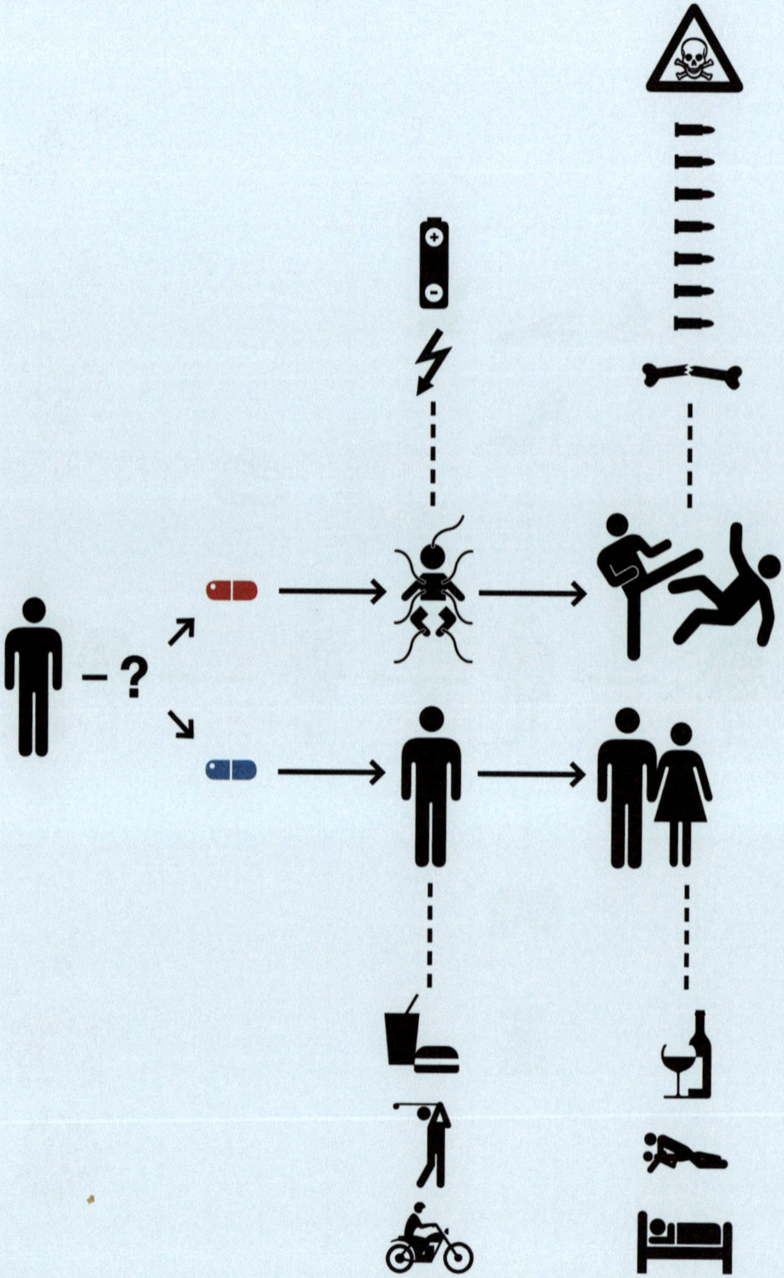

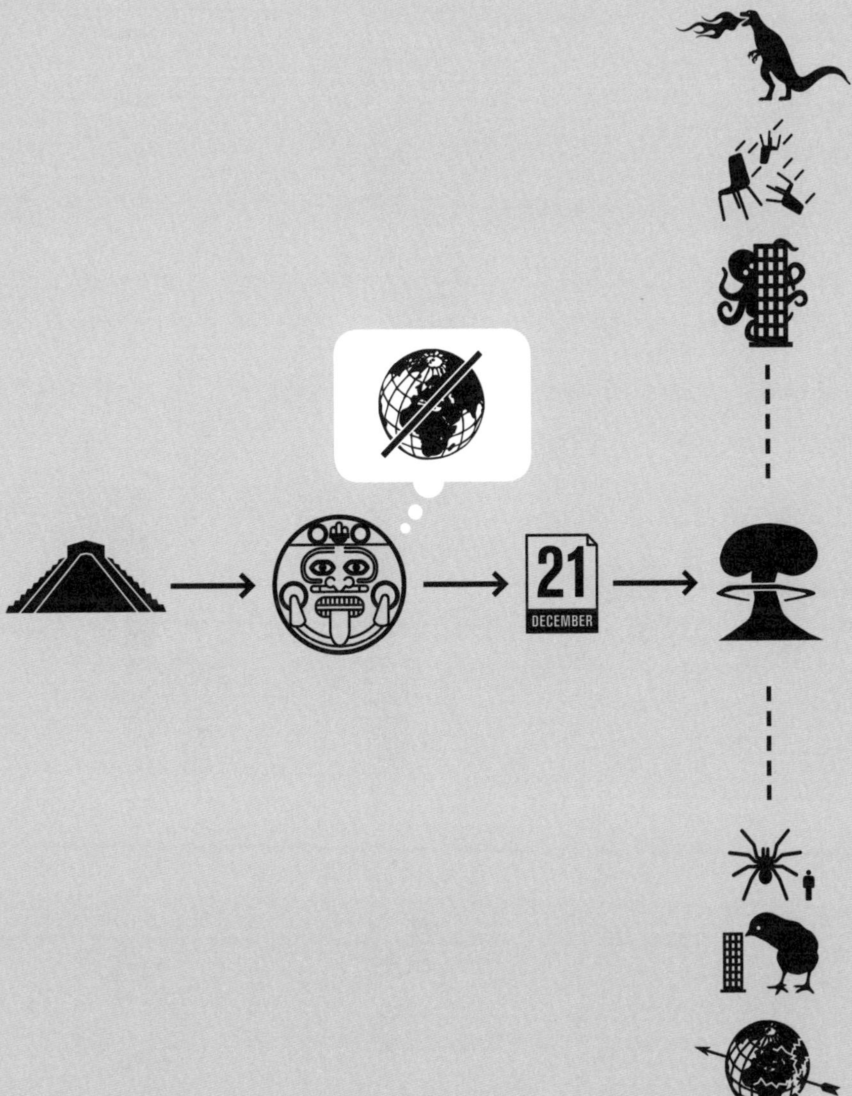
21
DECEMBER

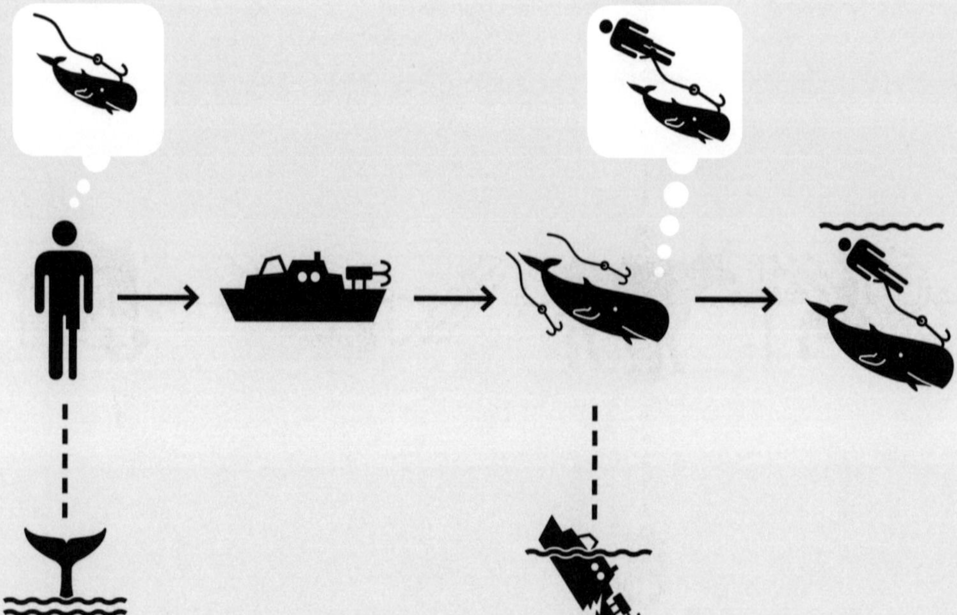

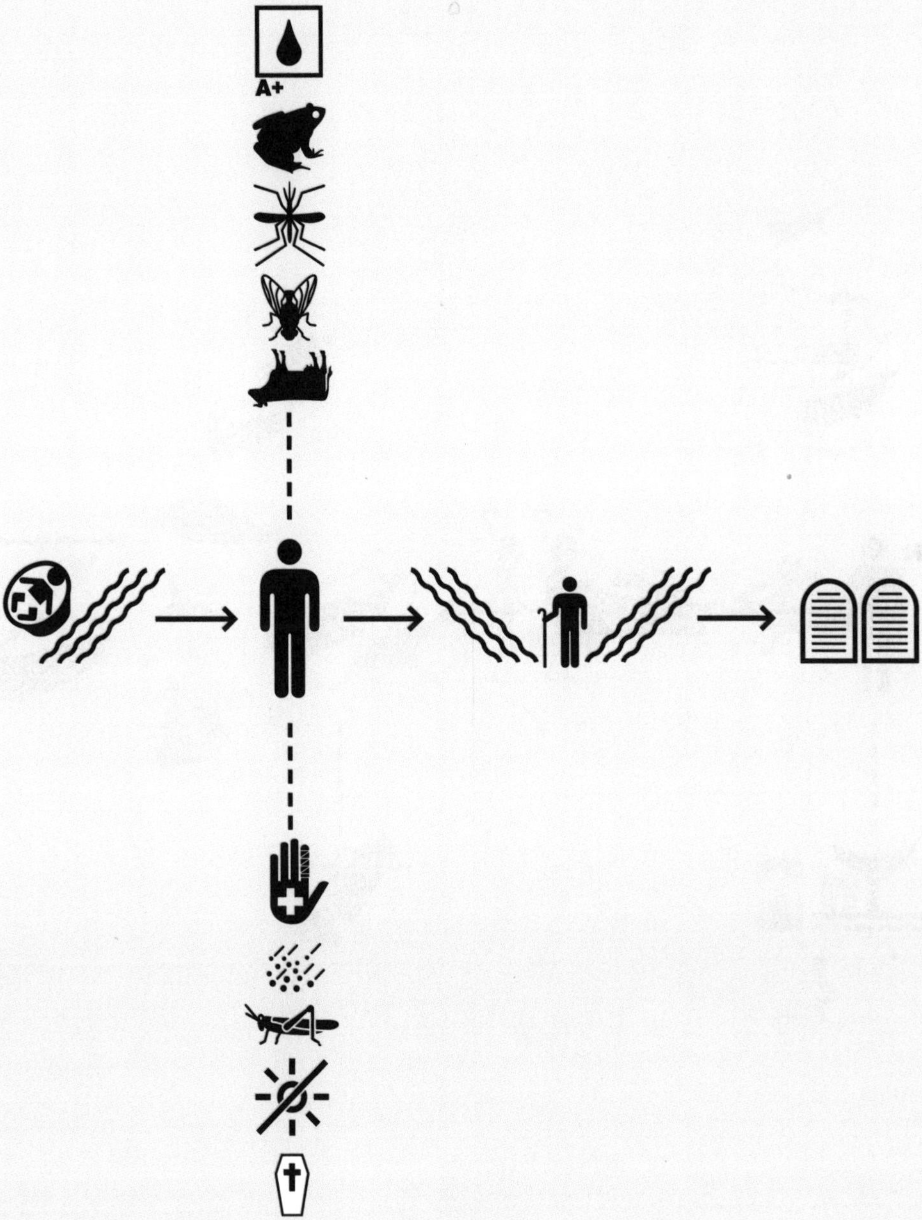
A+

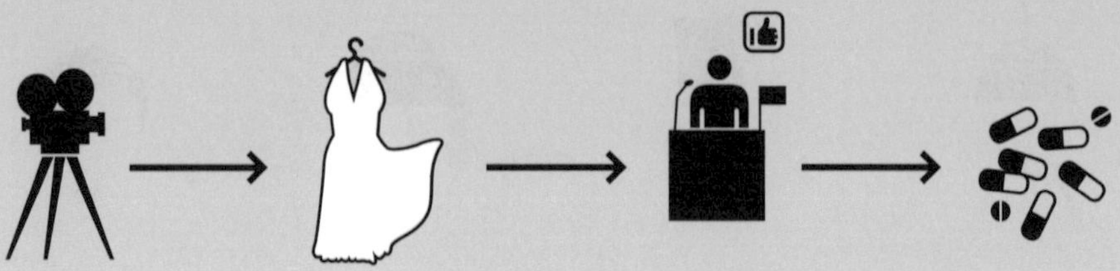

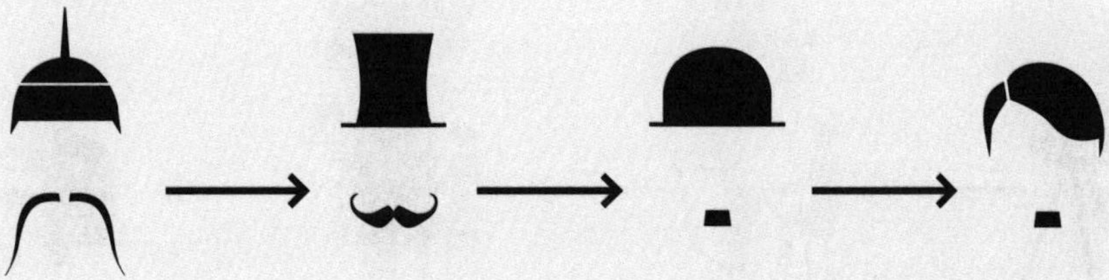

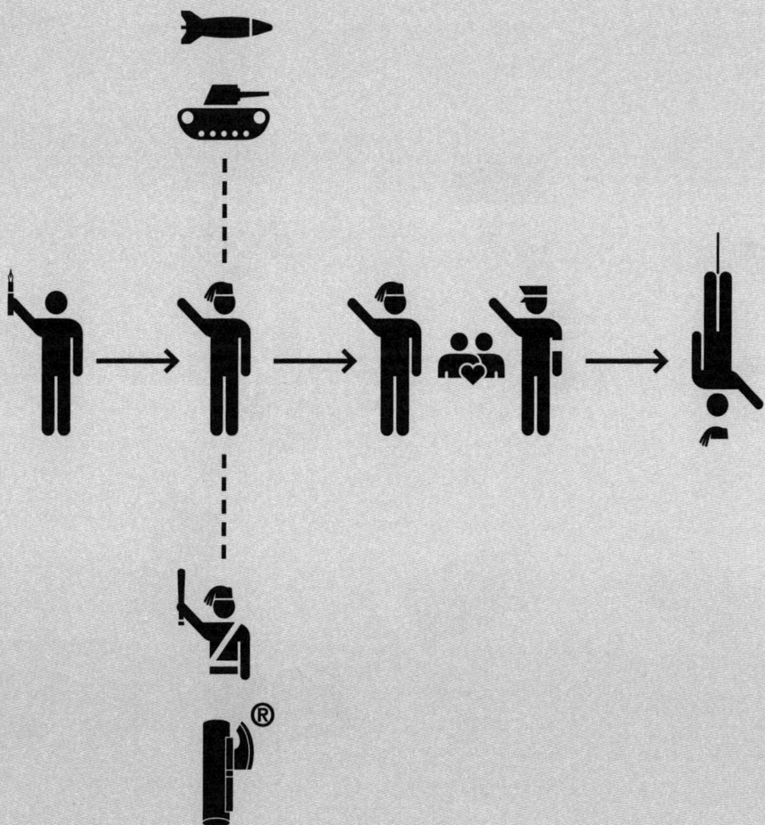

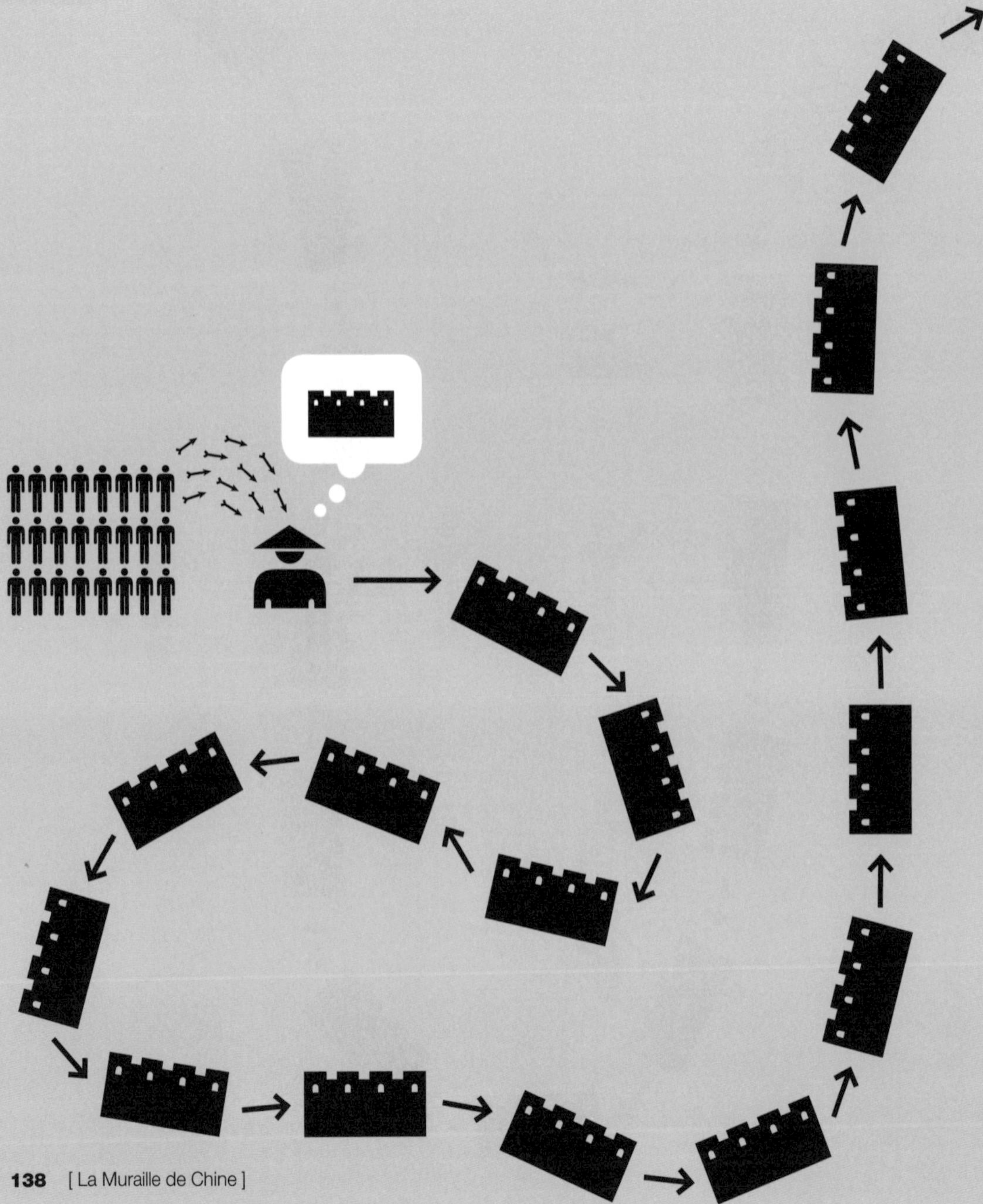

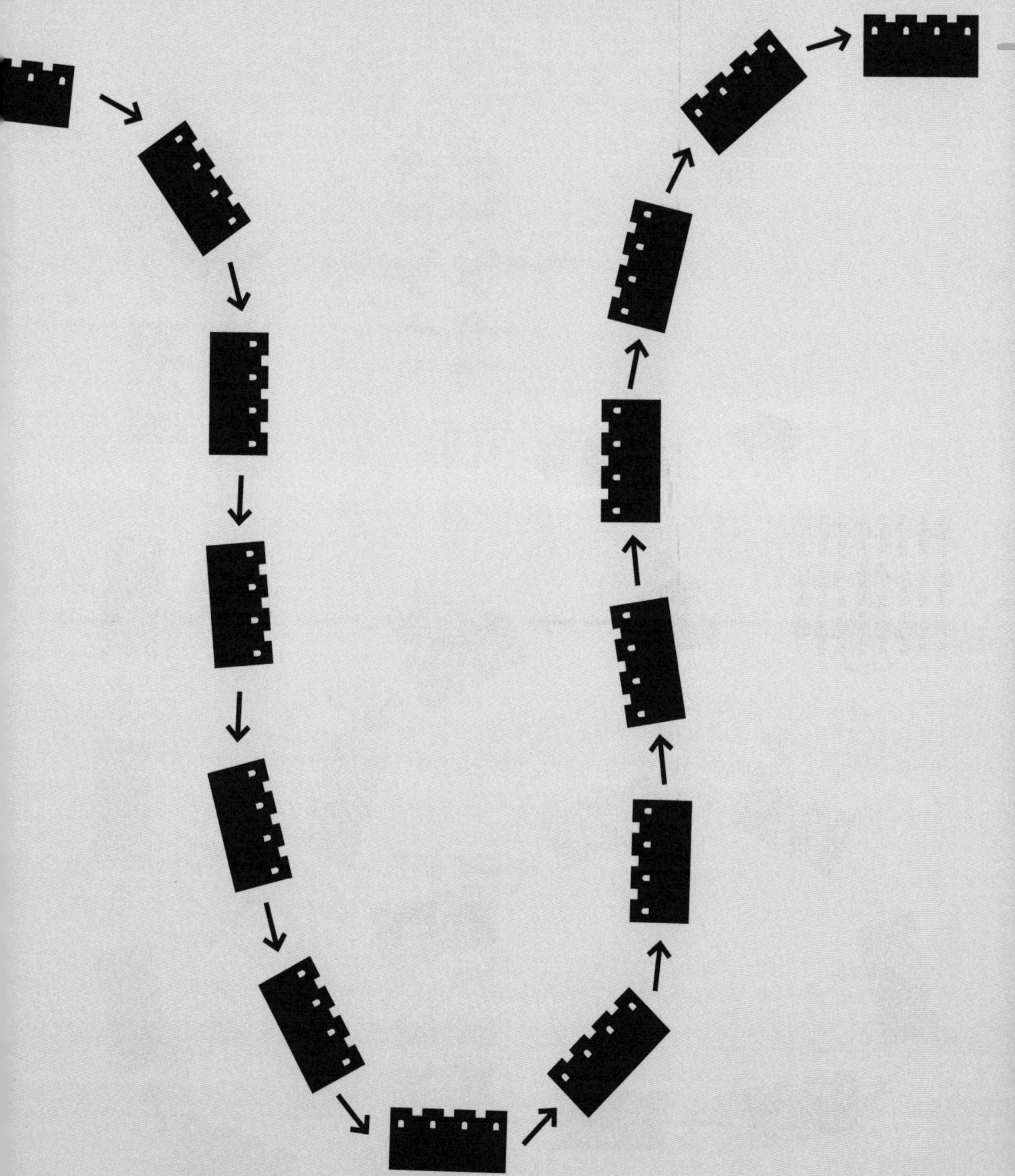

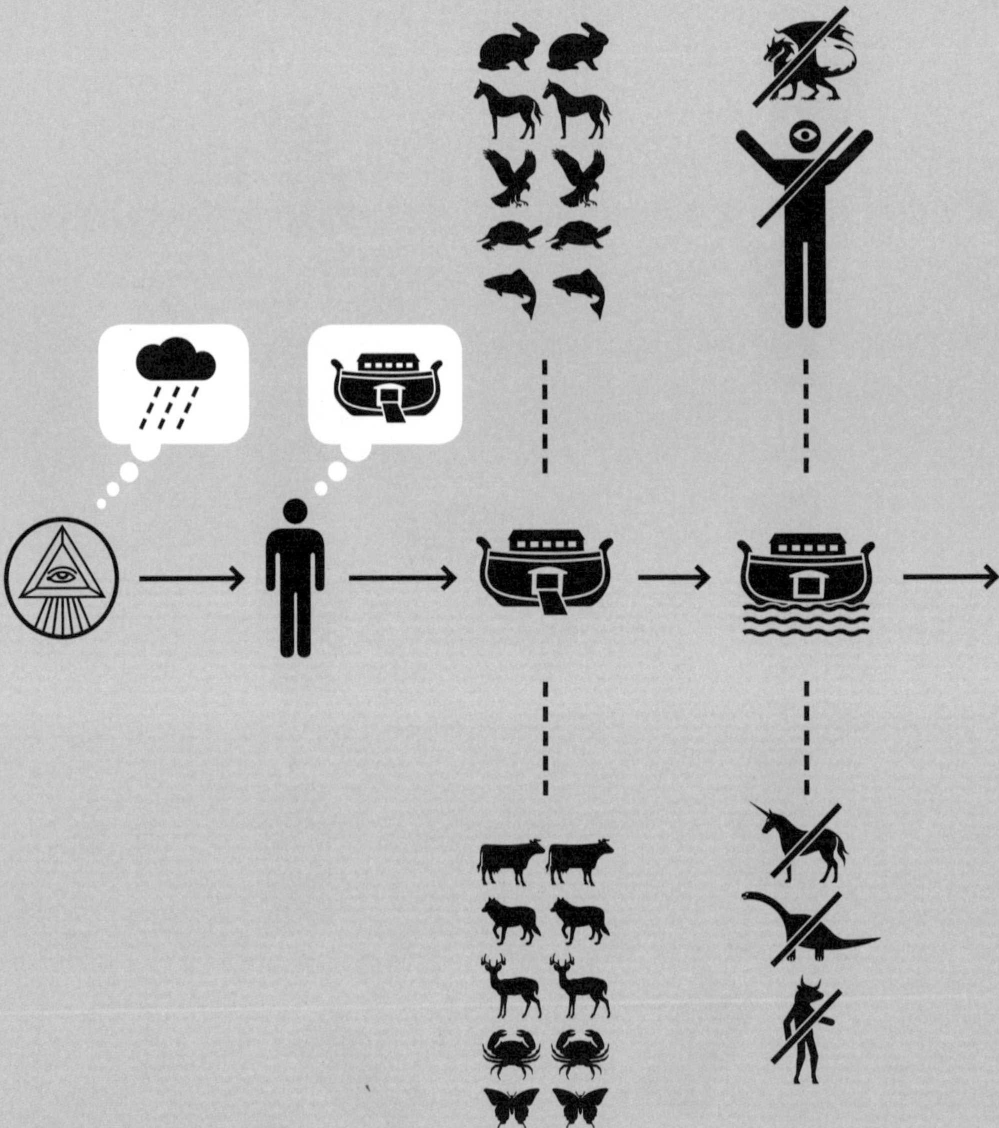

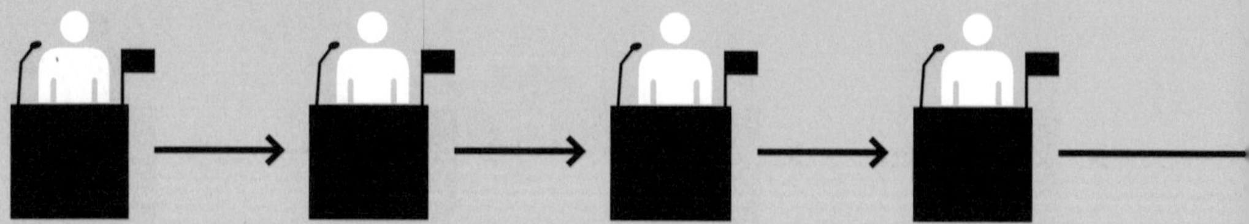

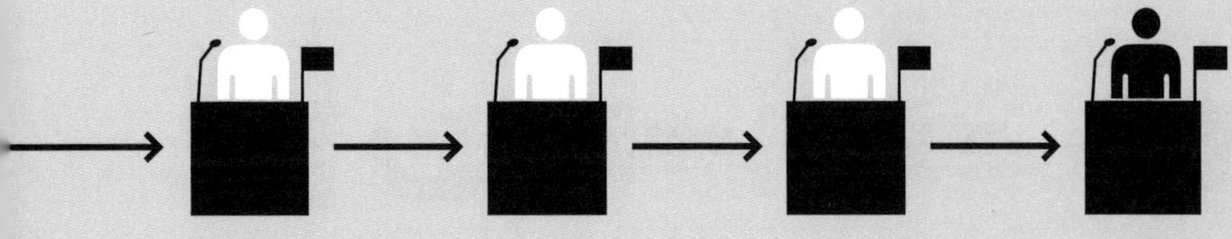

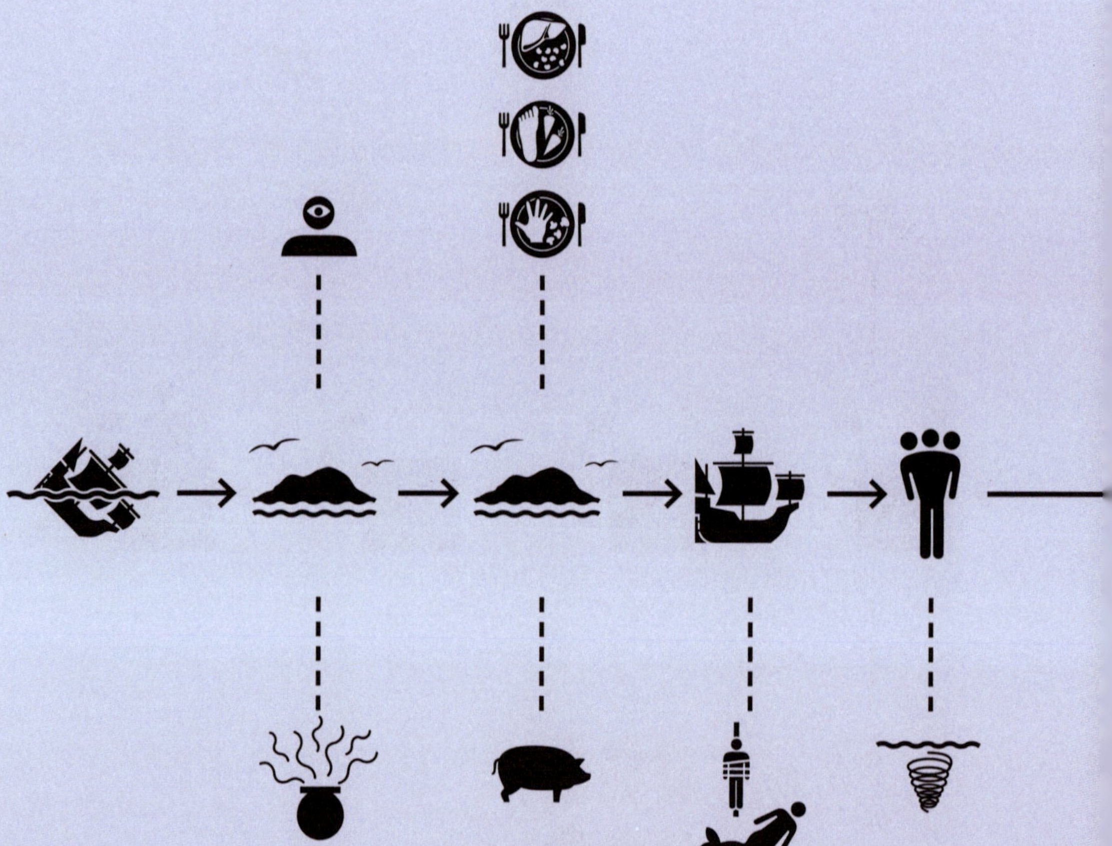

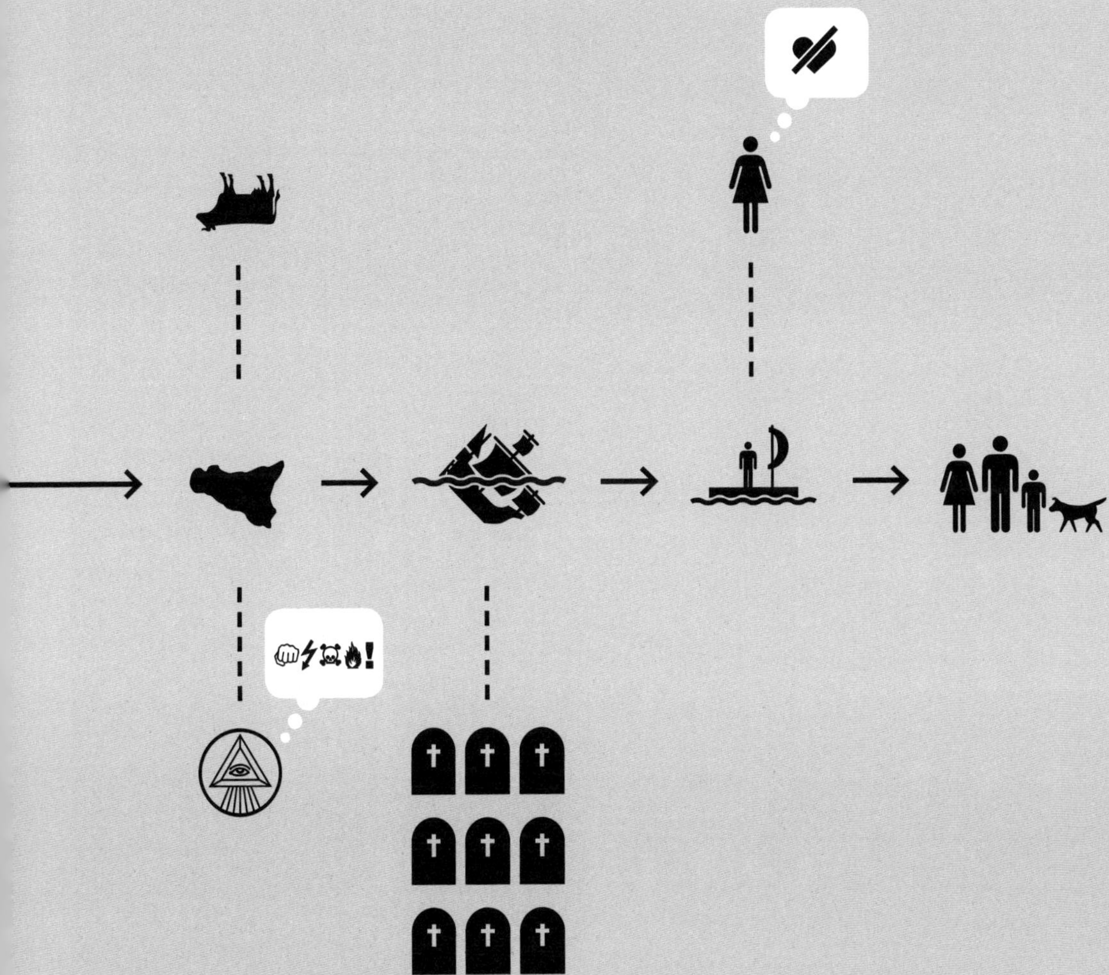

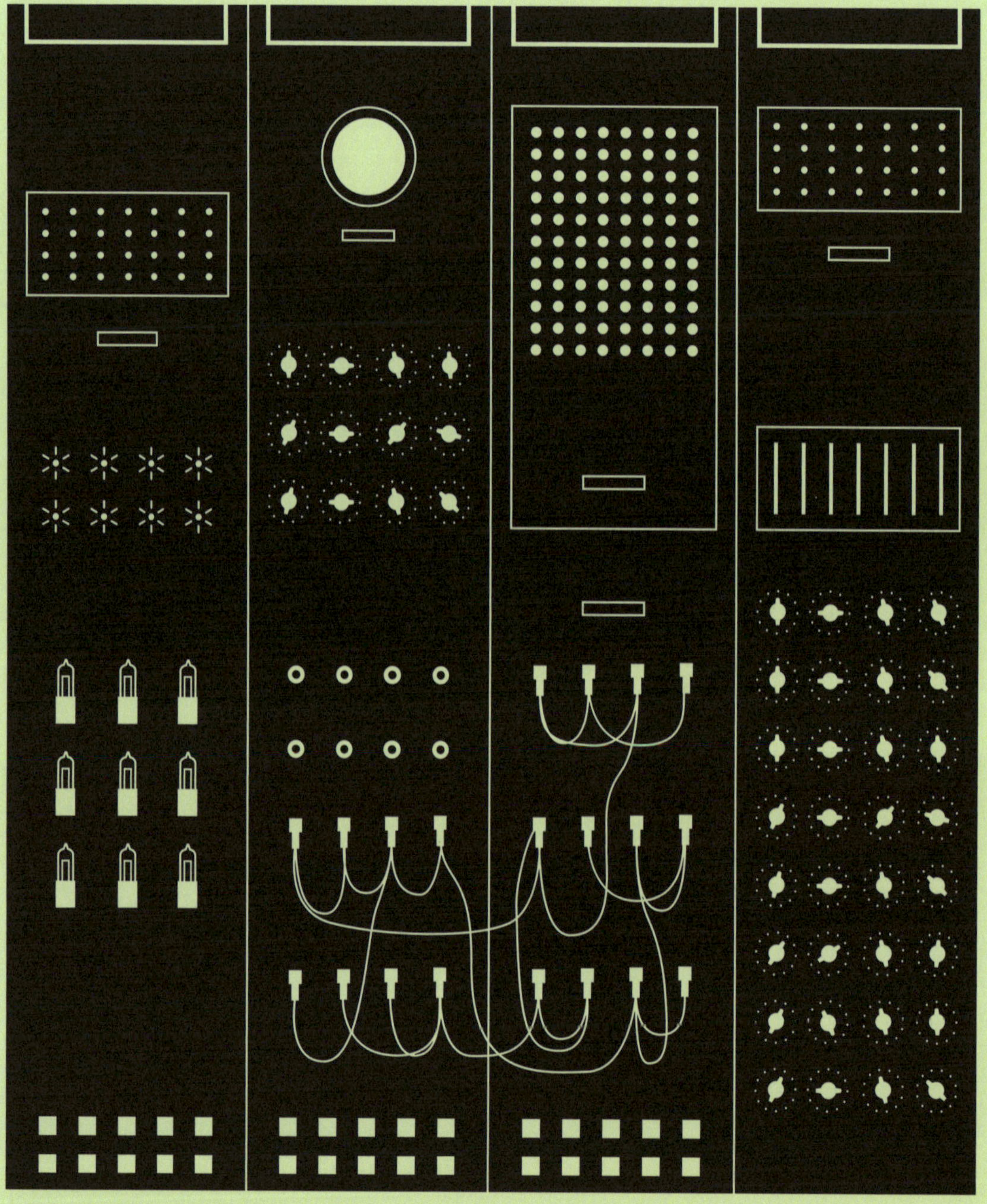

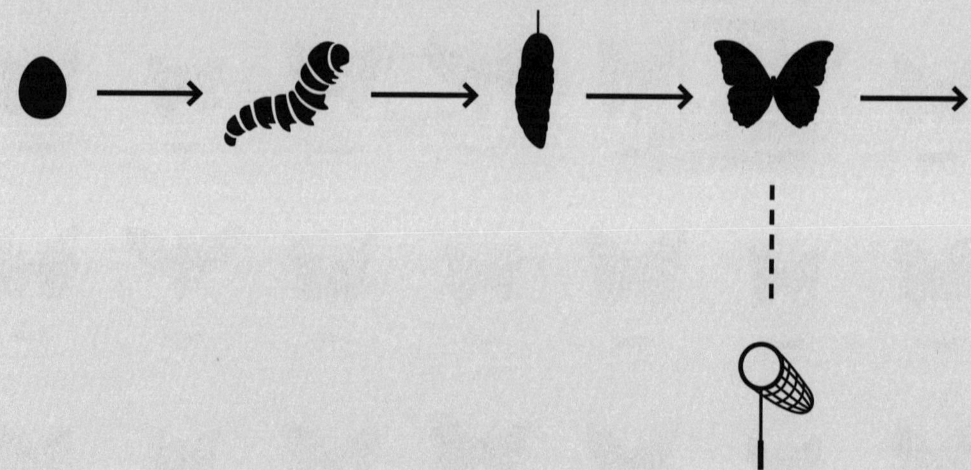

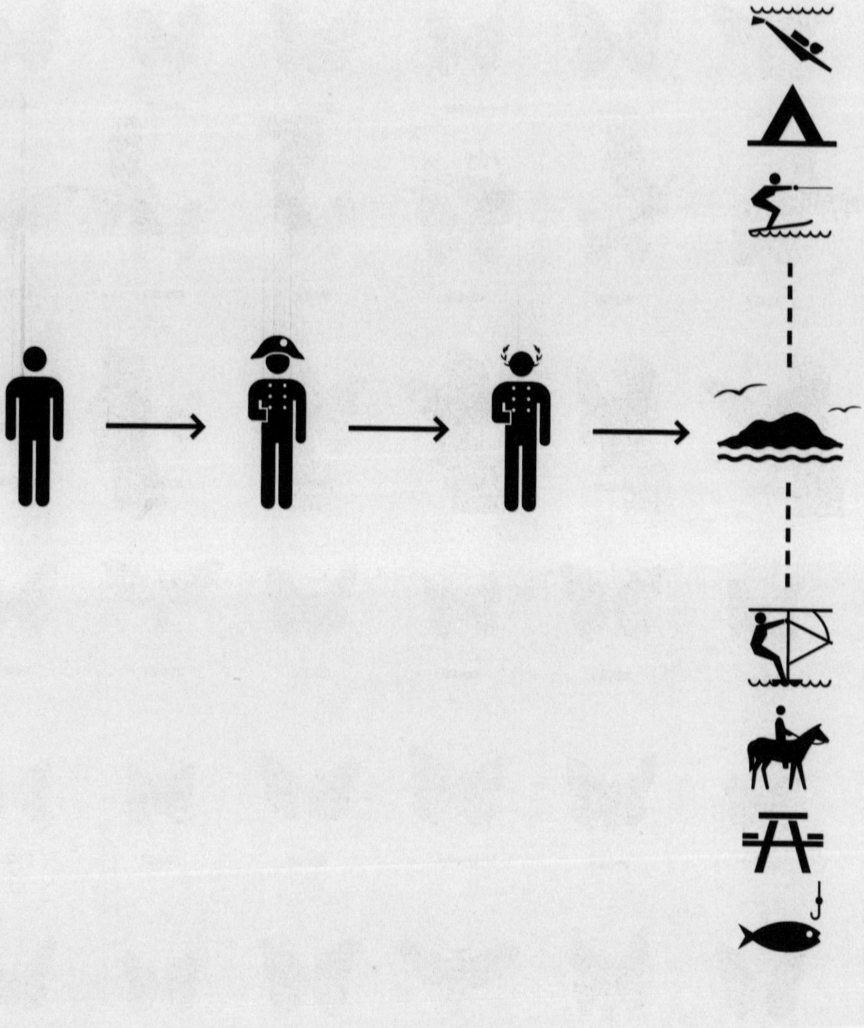

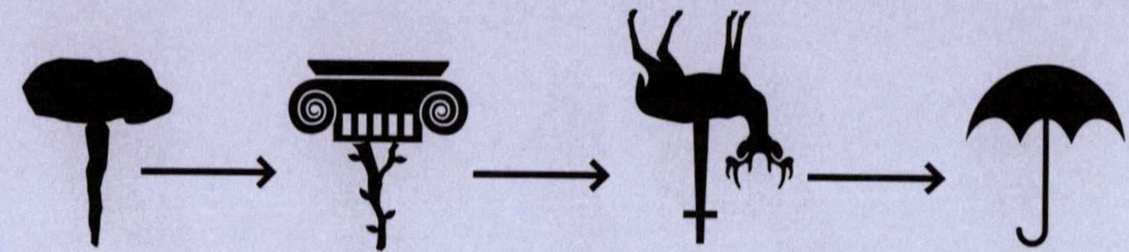

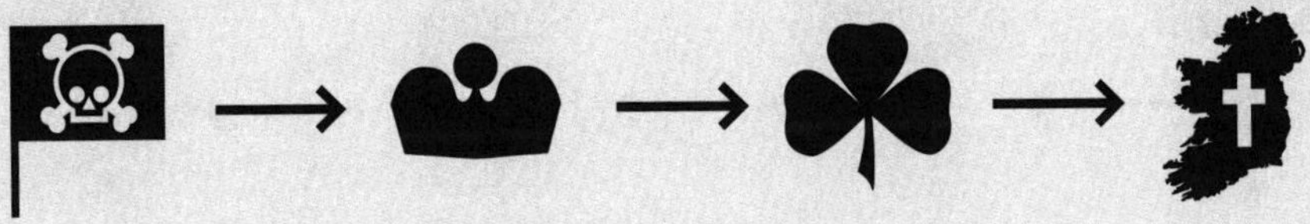

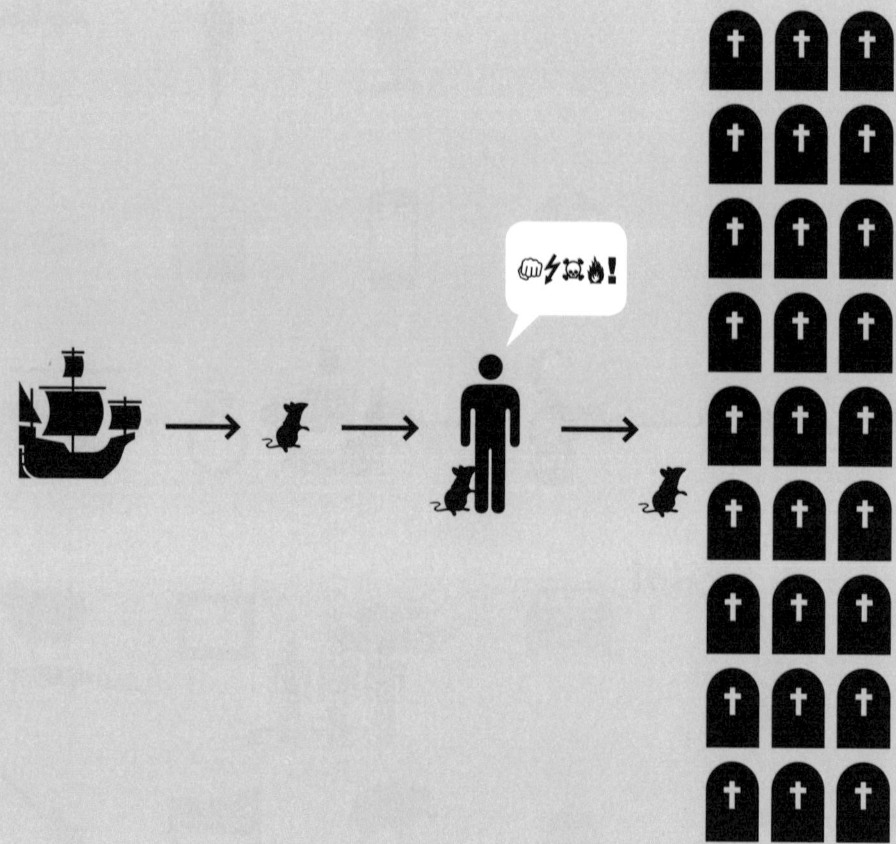

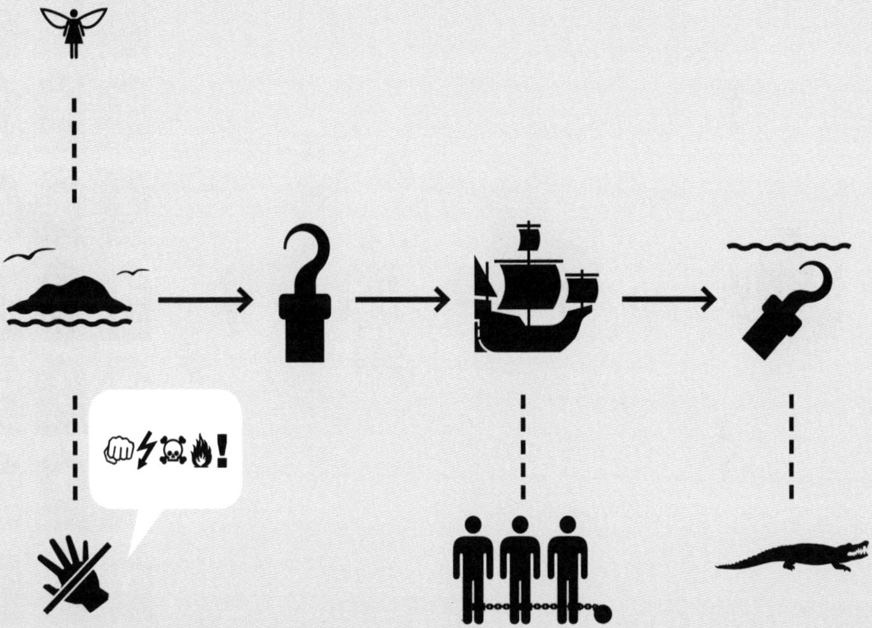

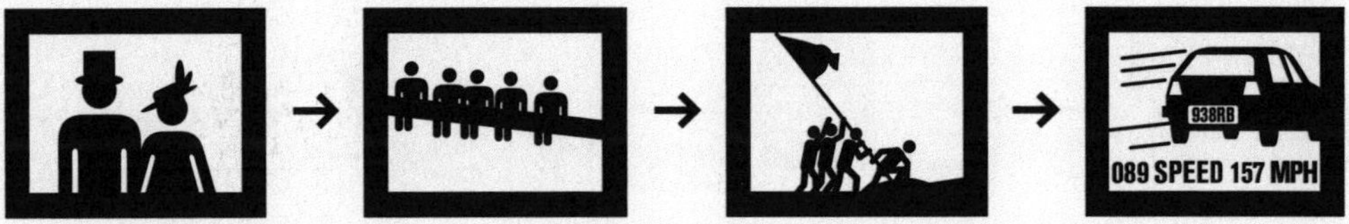
938RB
089 SPEED 157 MPH

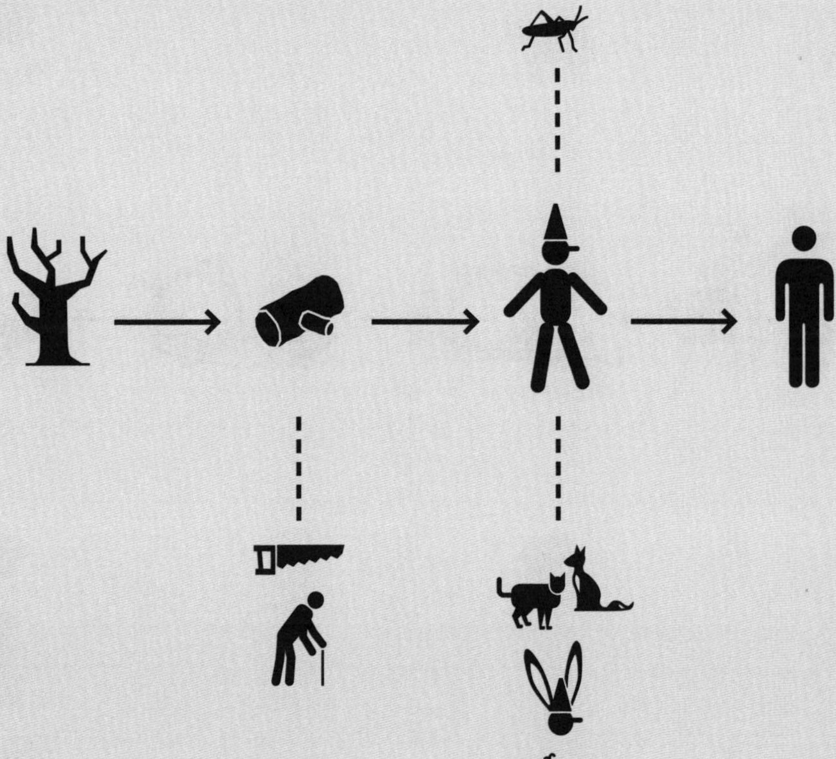

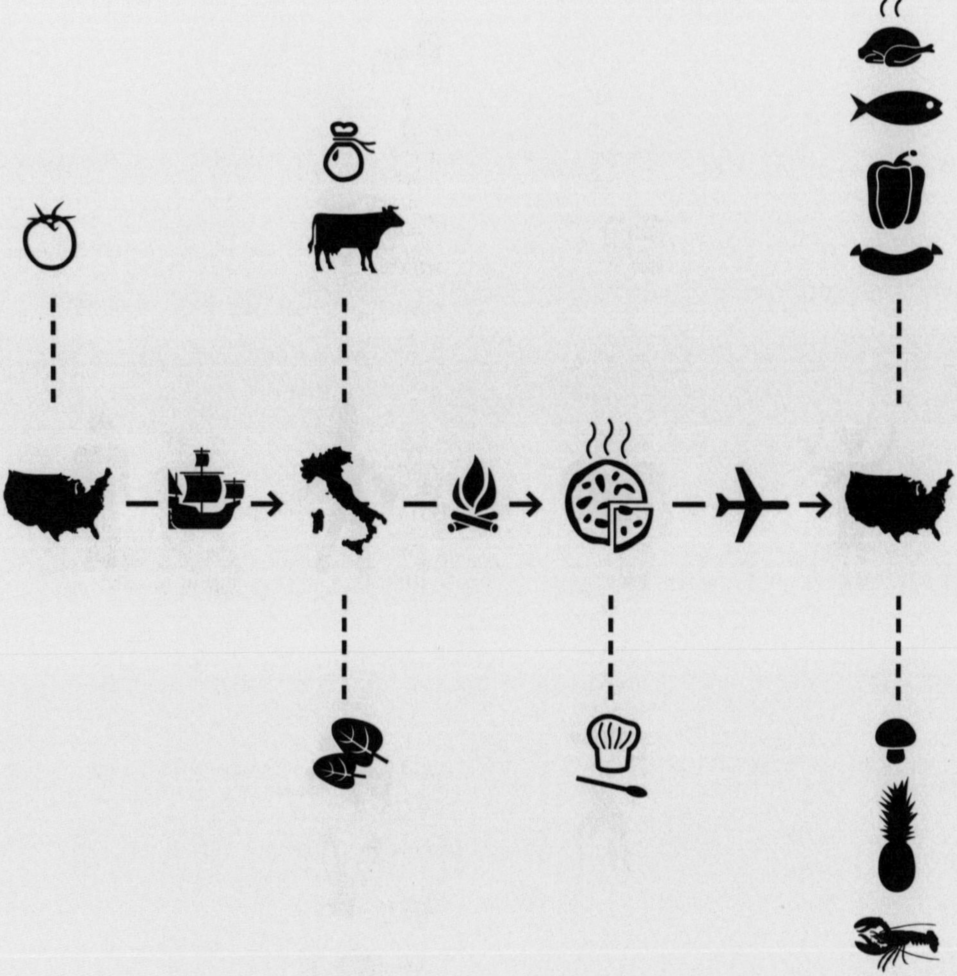

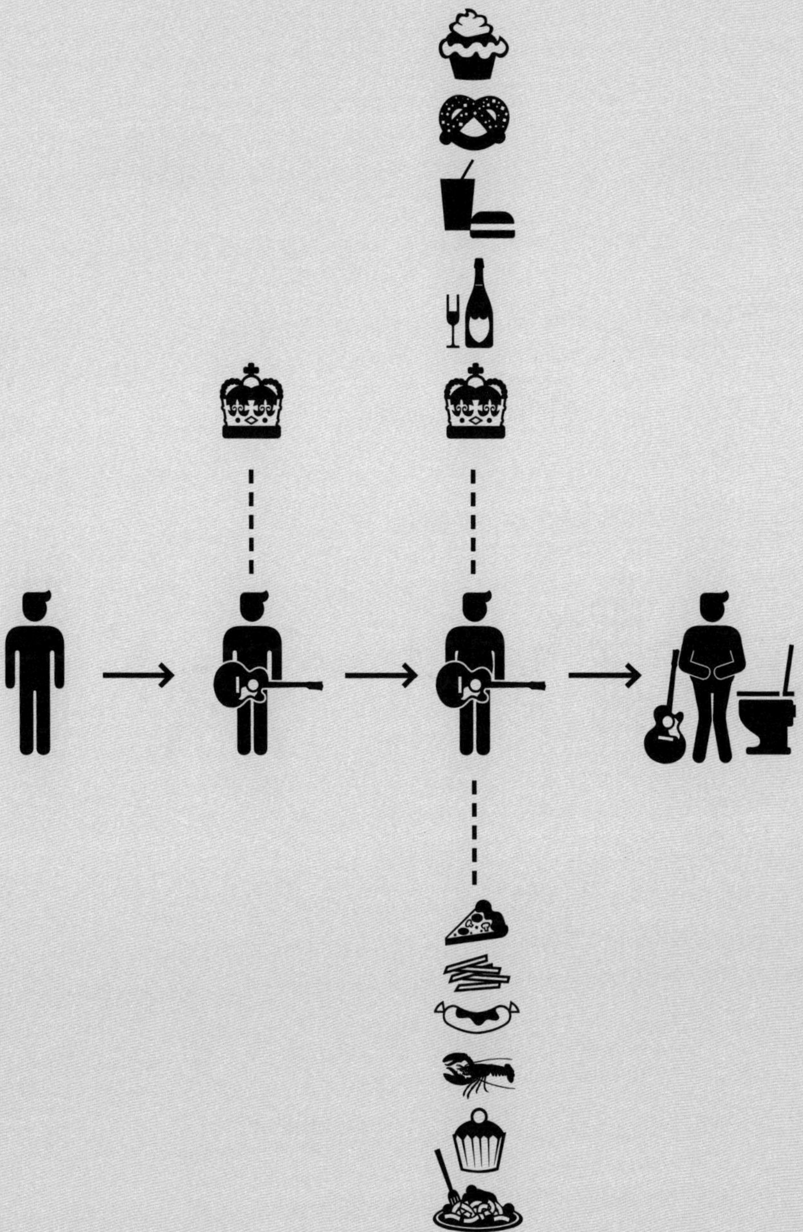

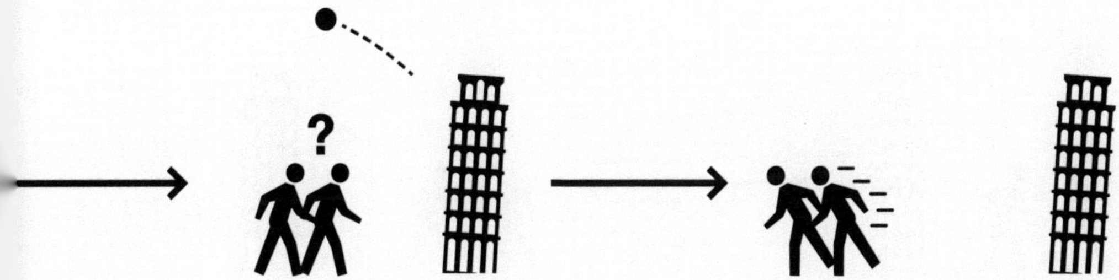

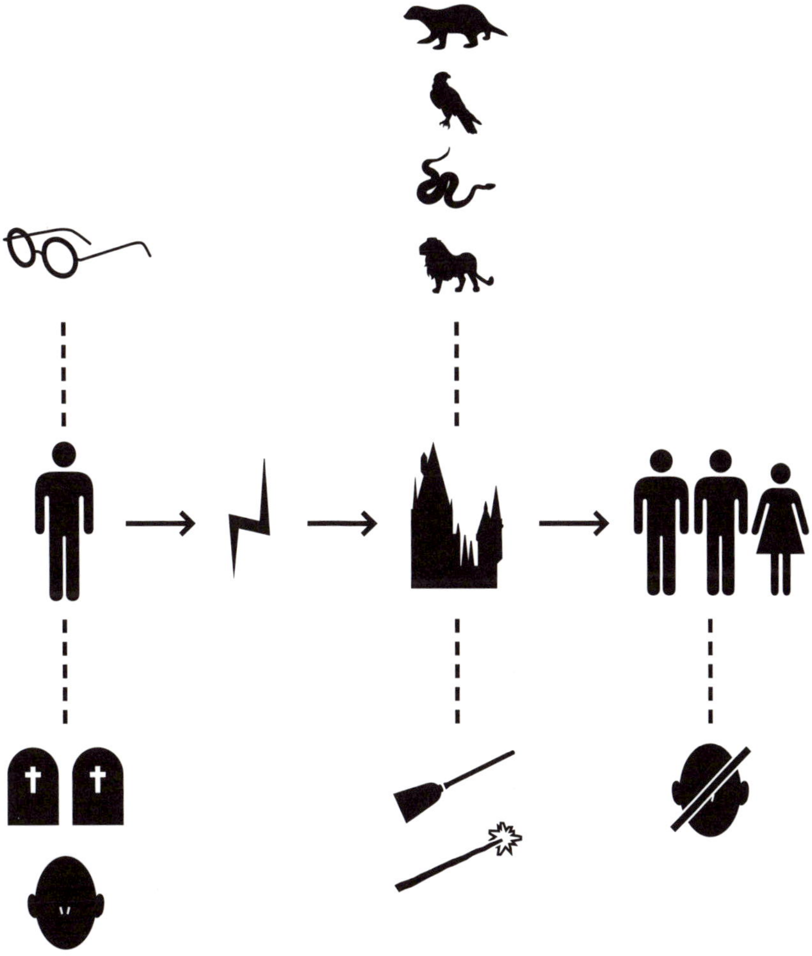

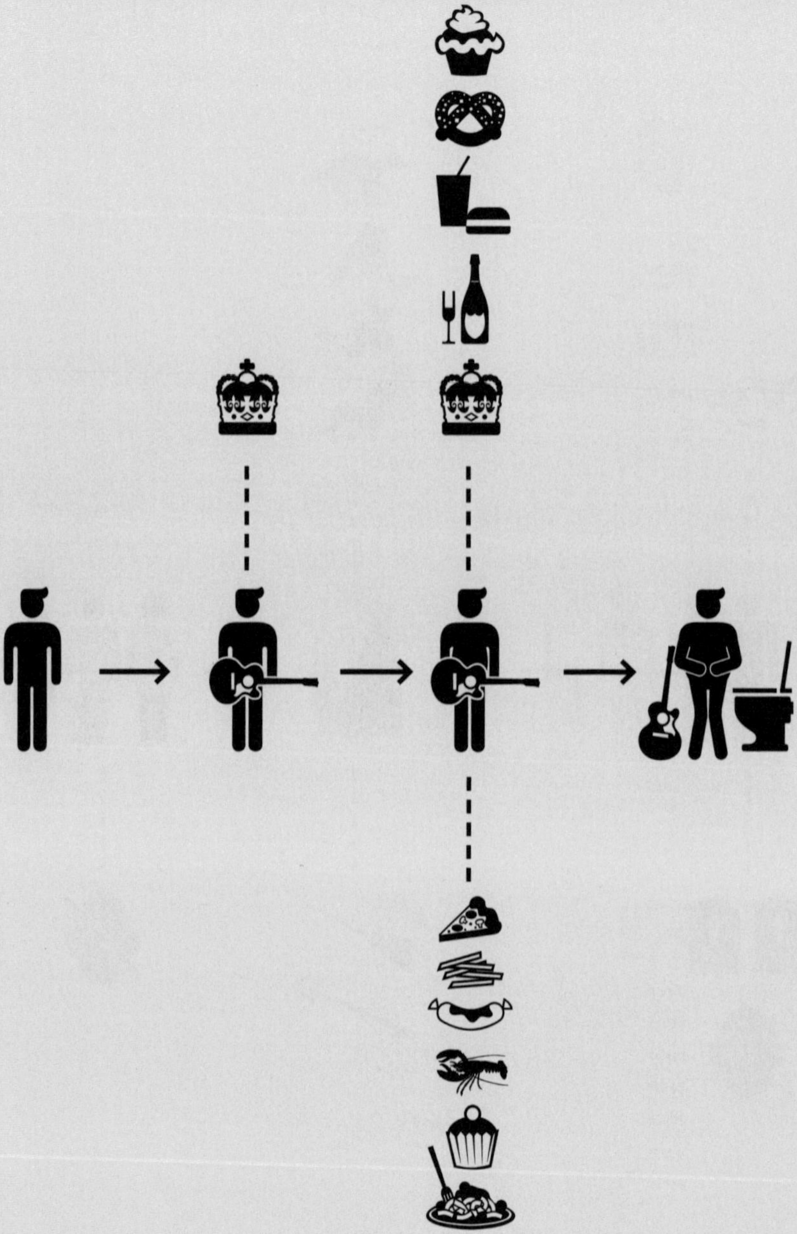

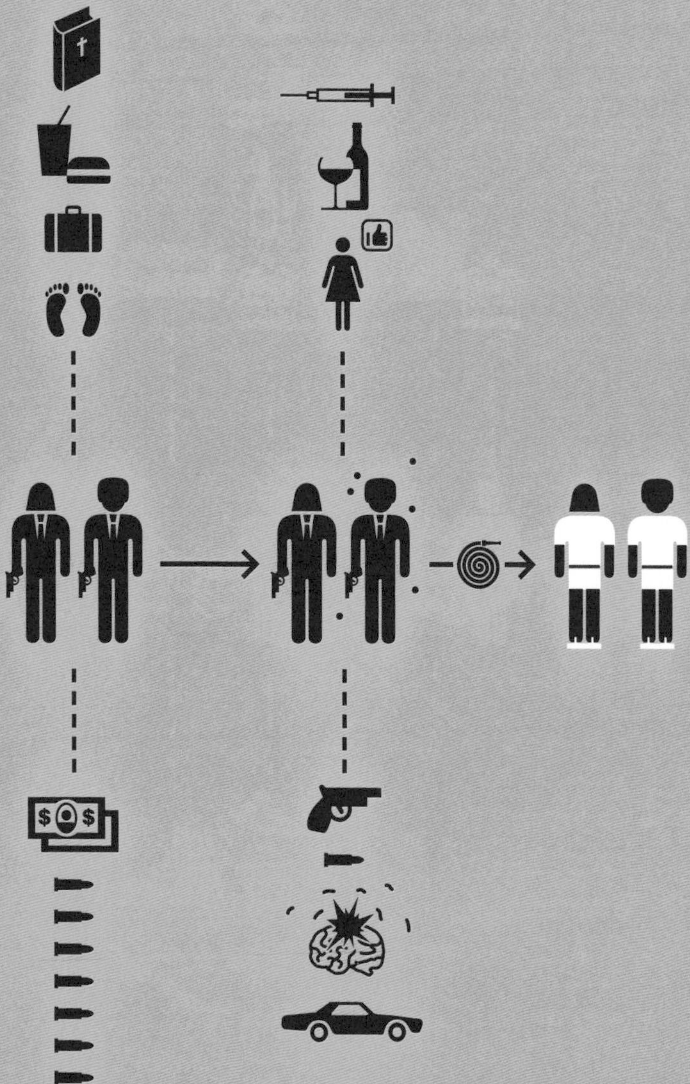

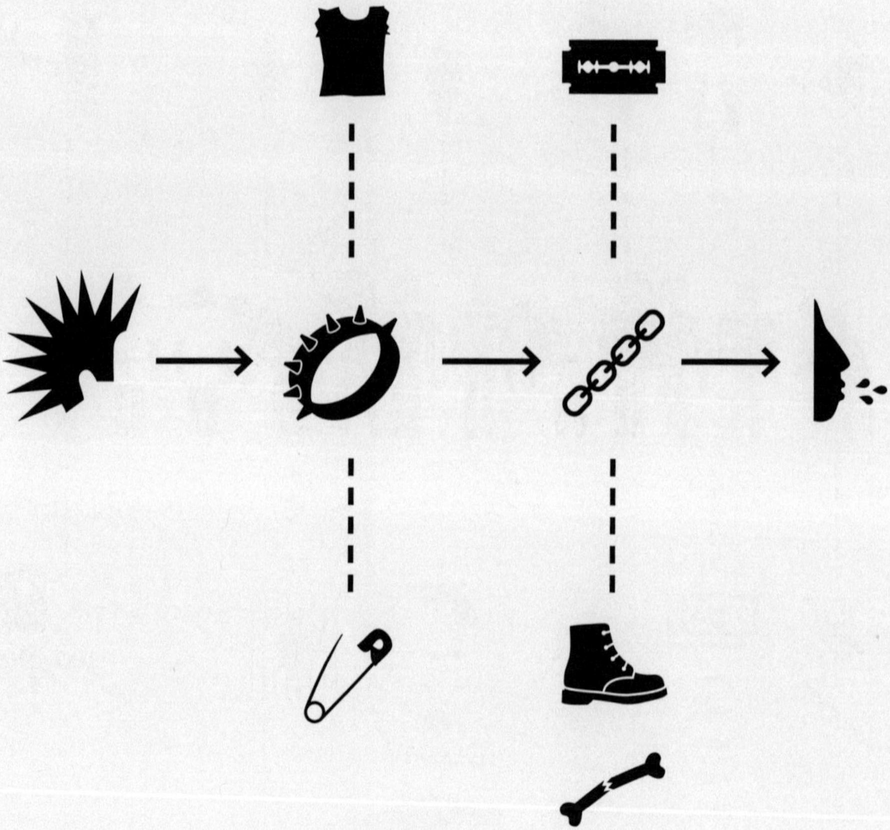

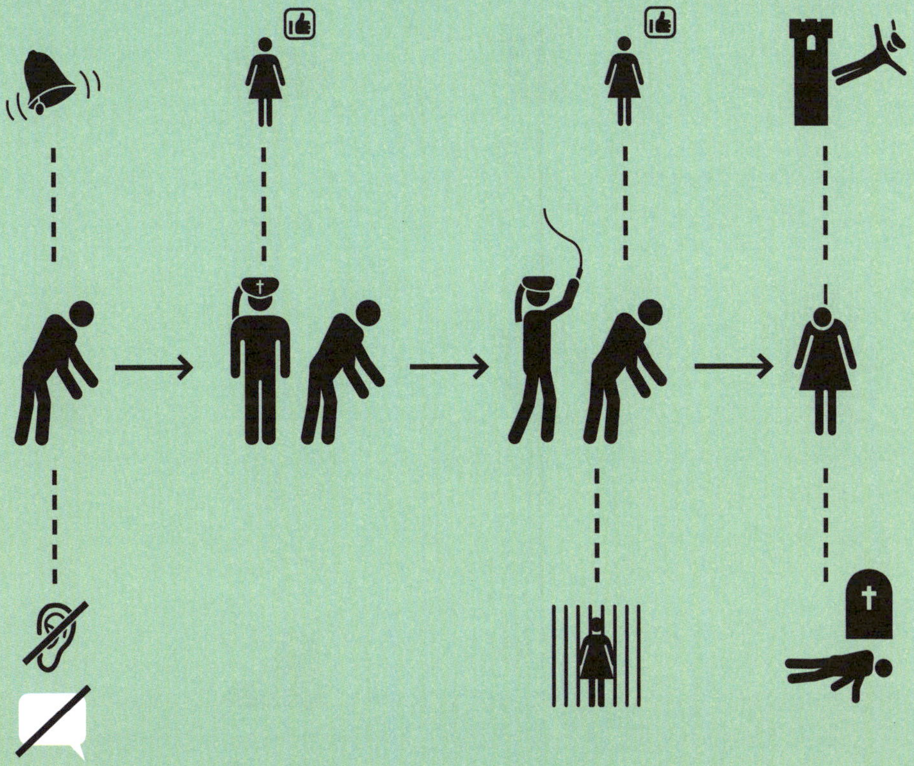

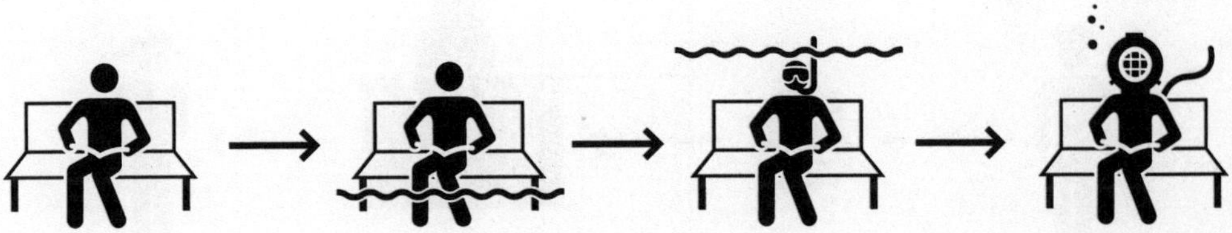

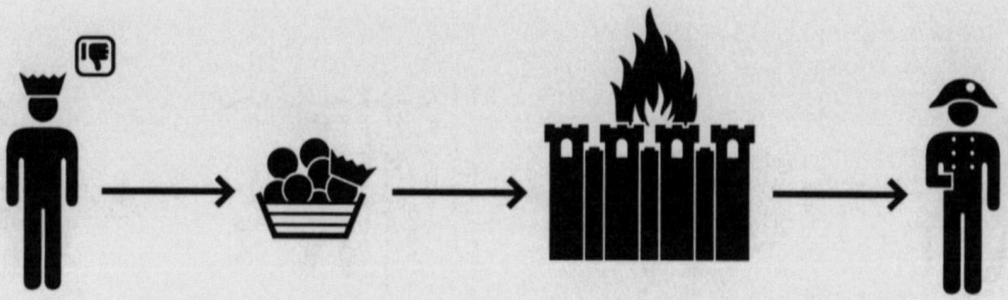

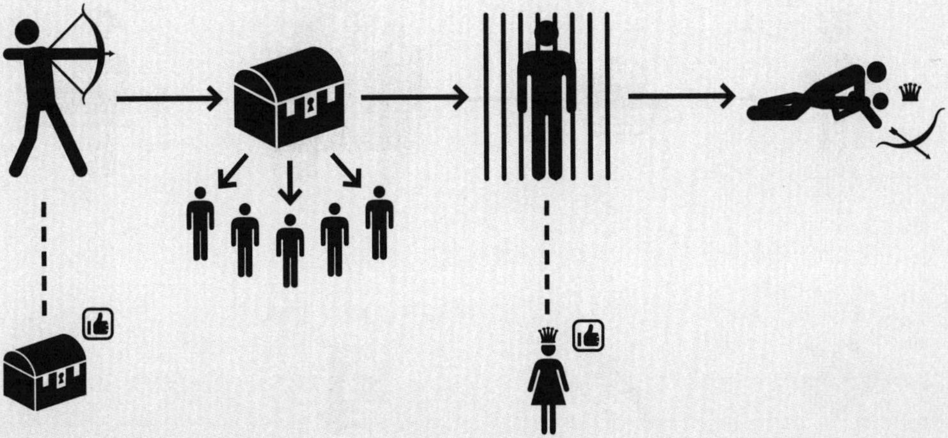

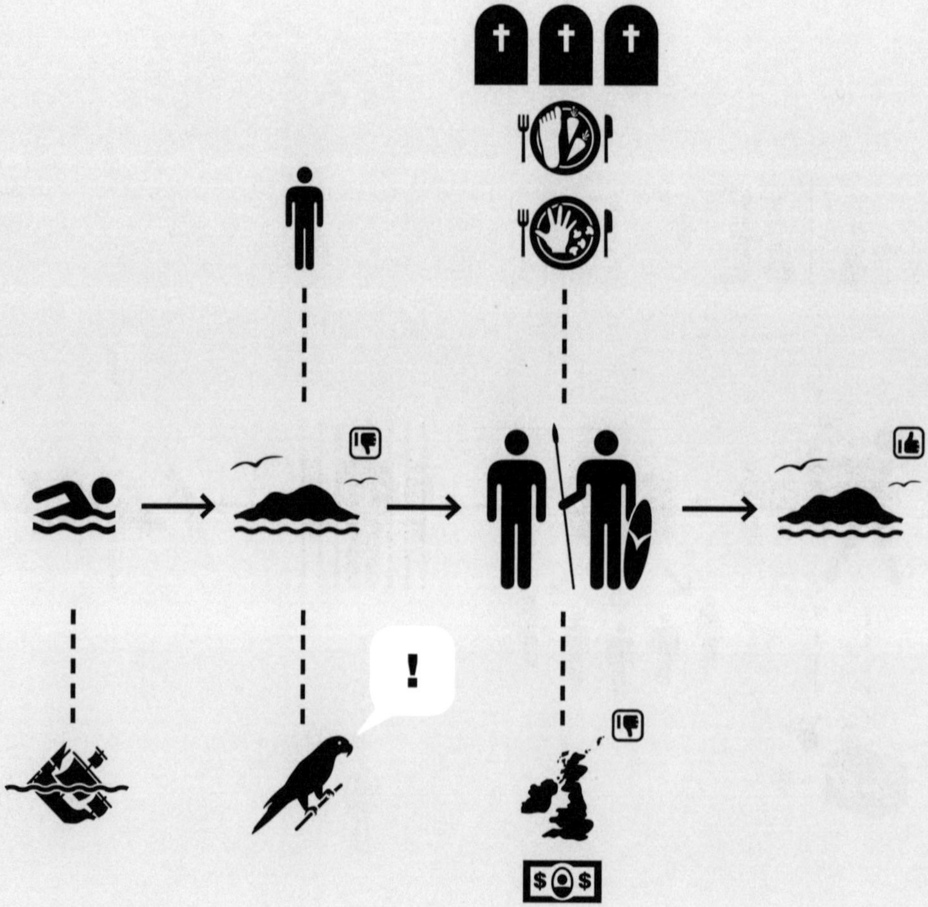

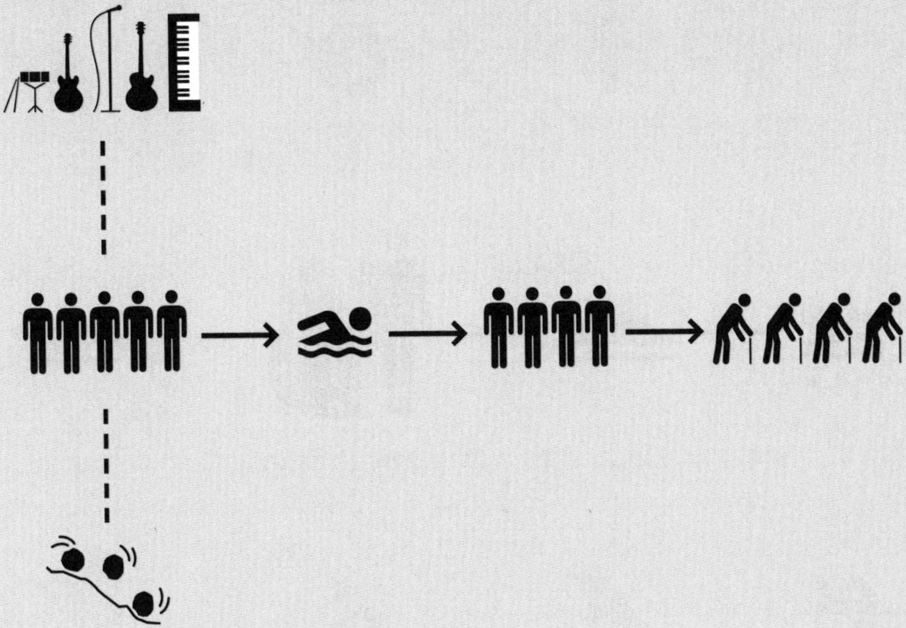

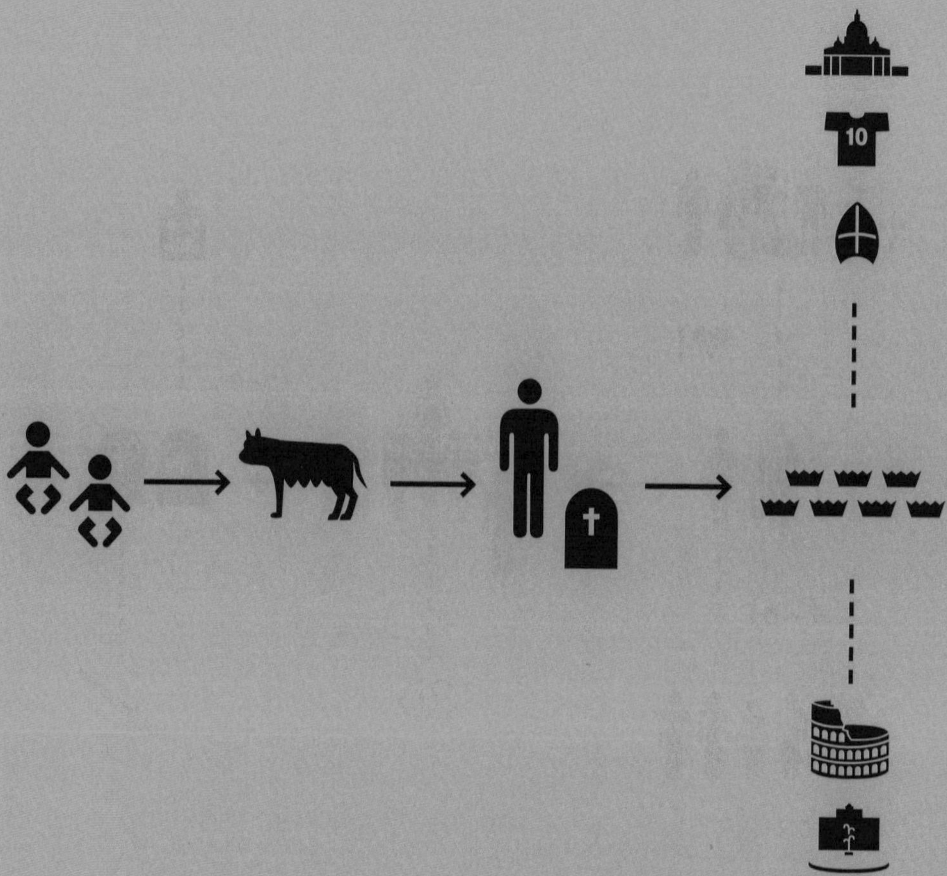
10

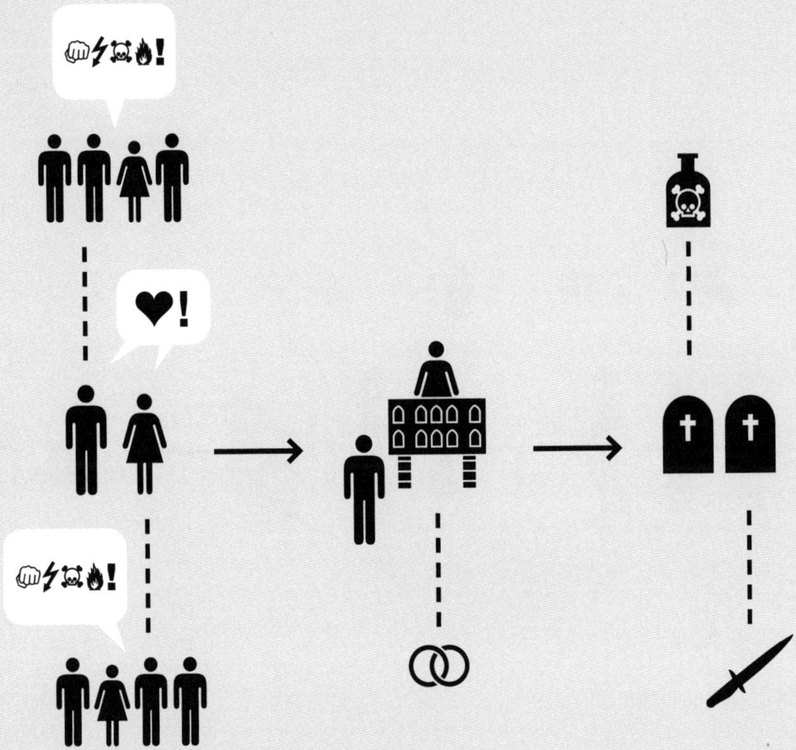

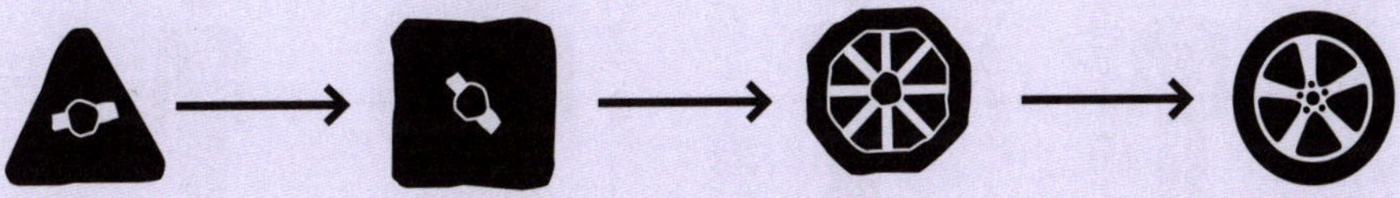

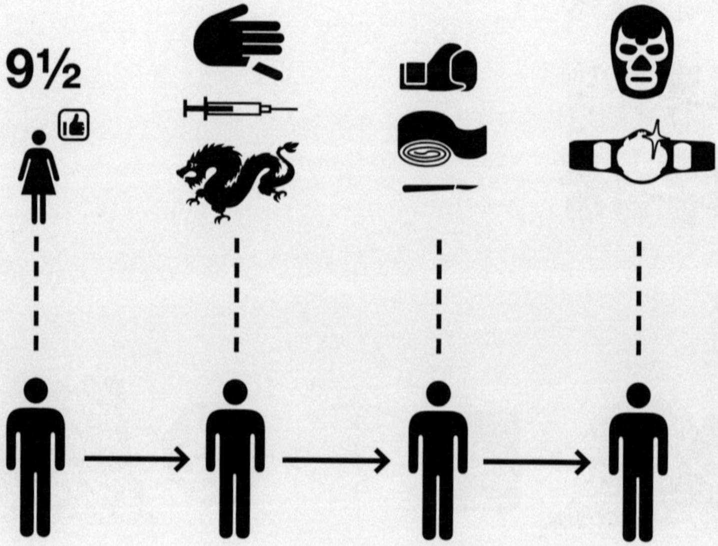
9½

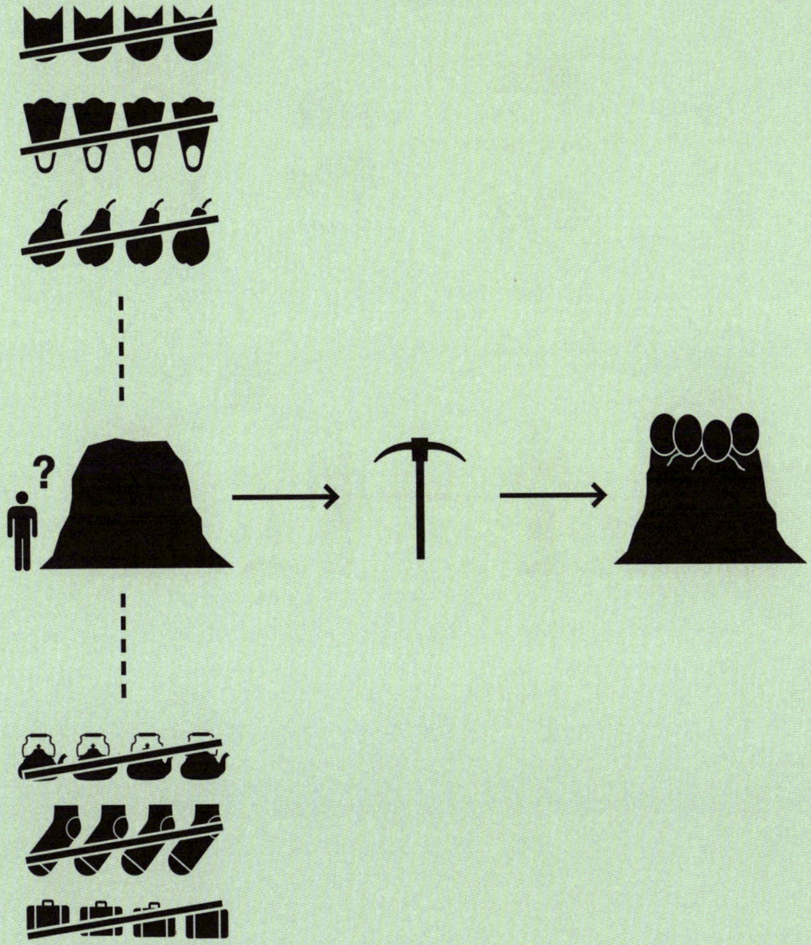

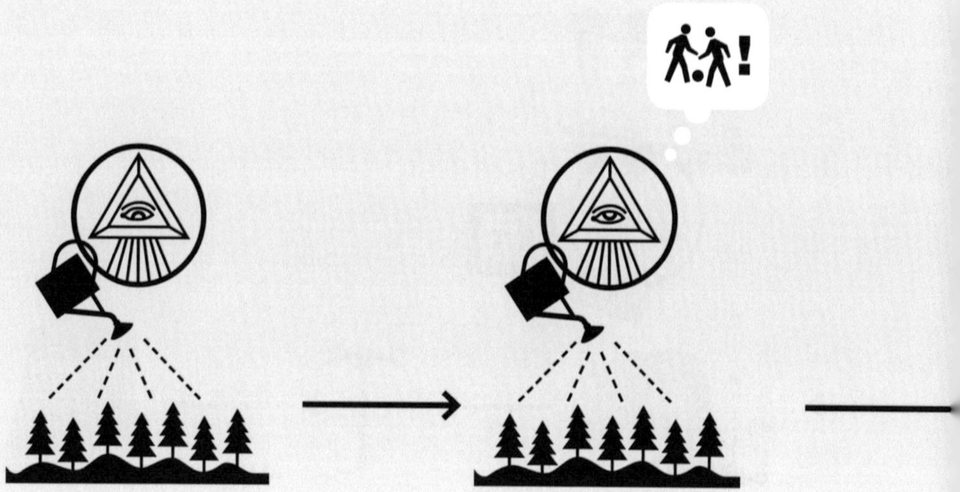

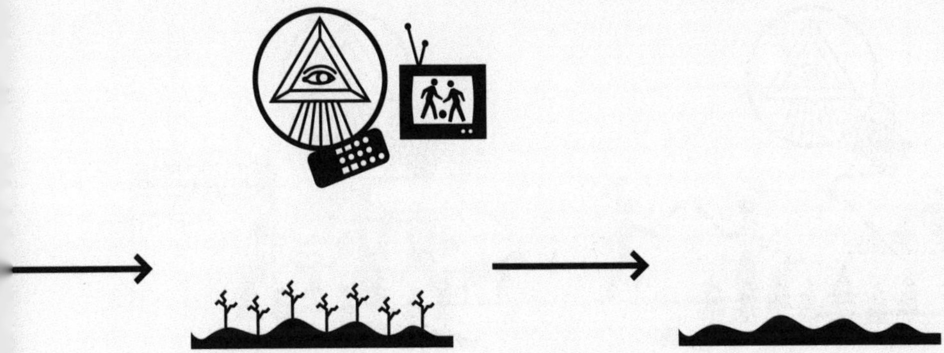

COIFFEUR

VS

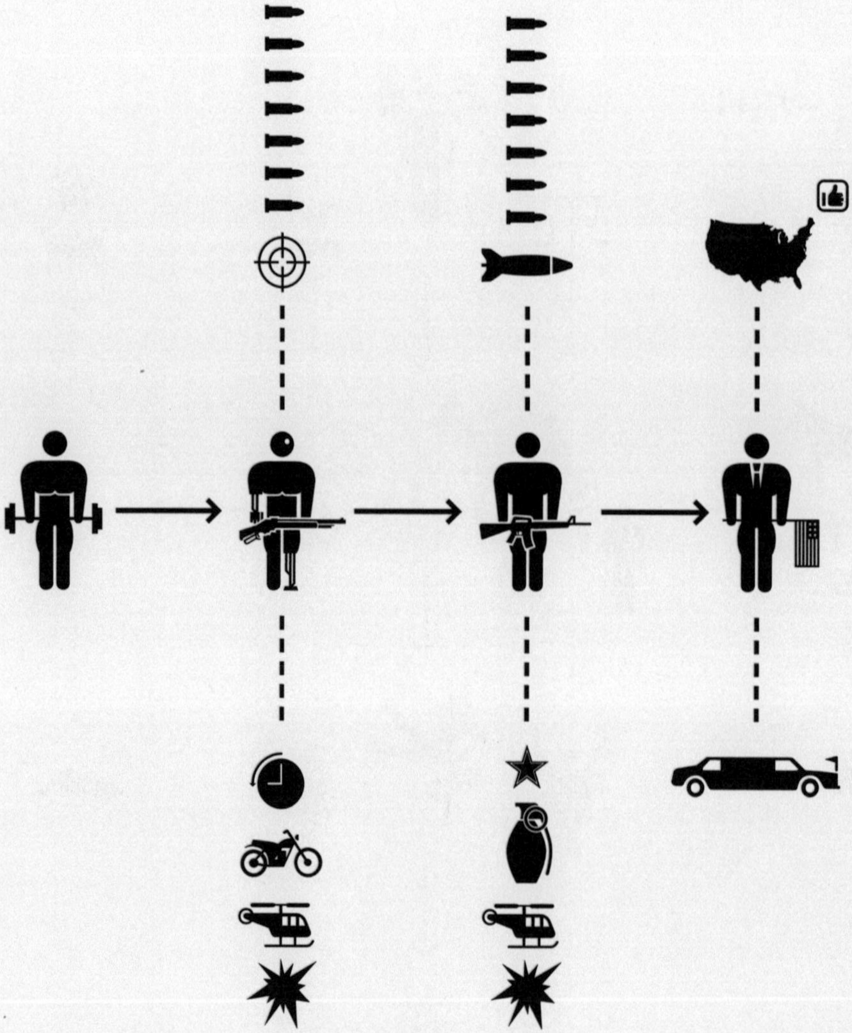

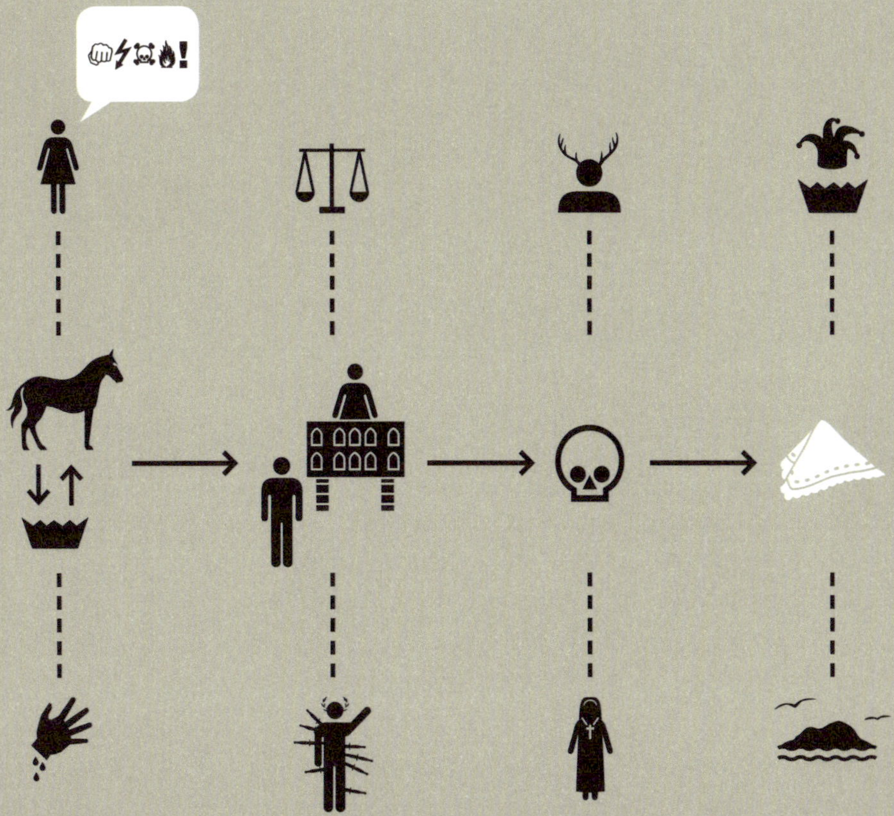

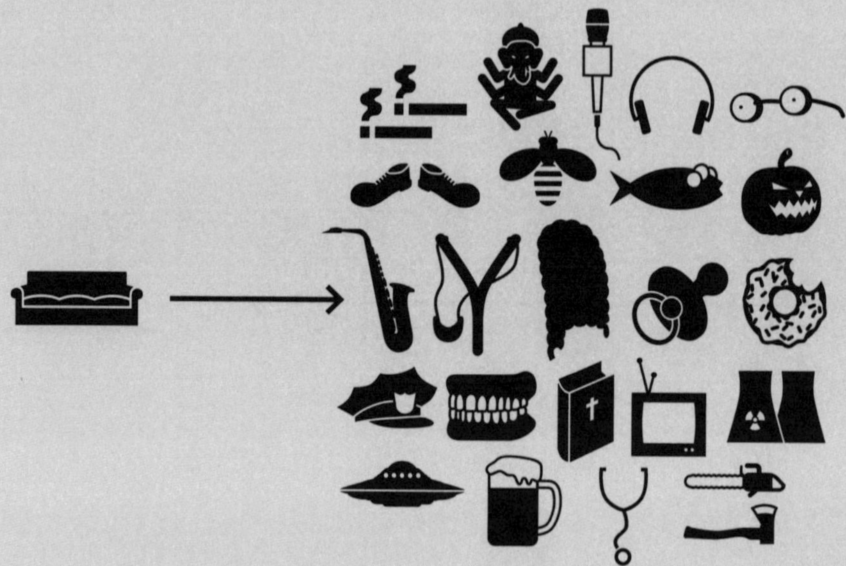

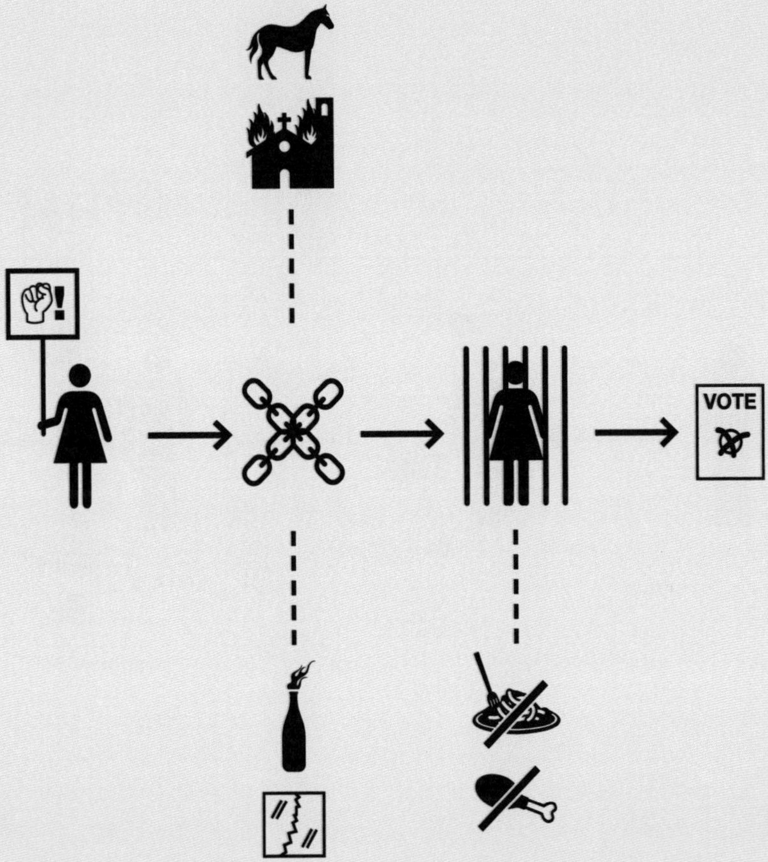
VOTE

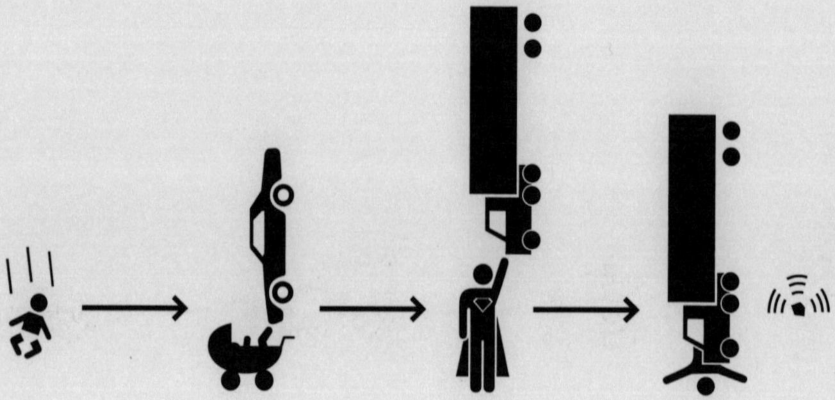

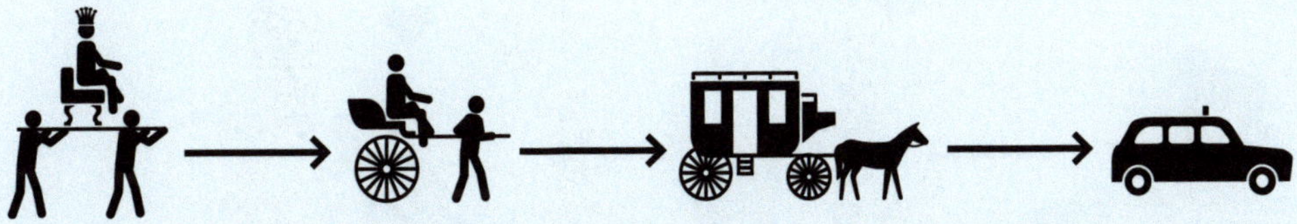

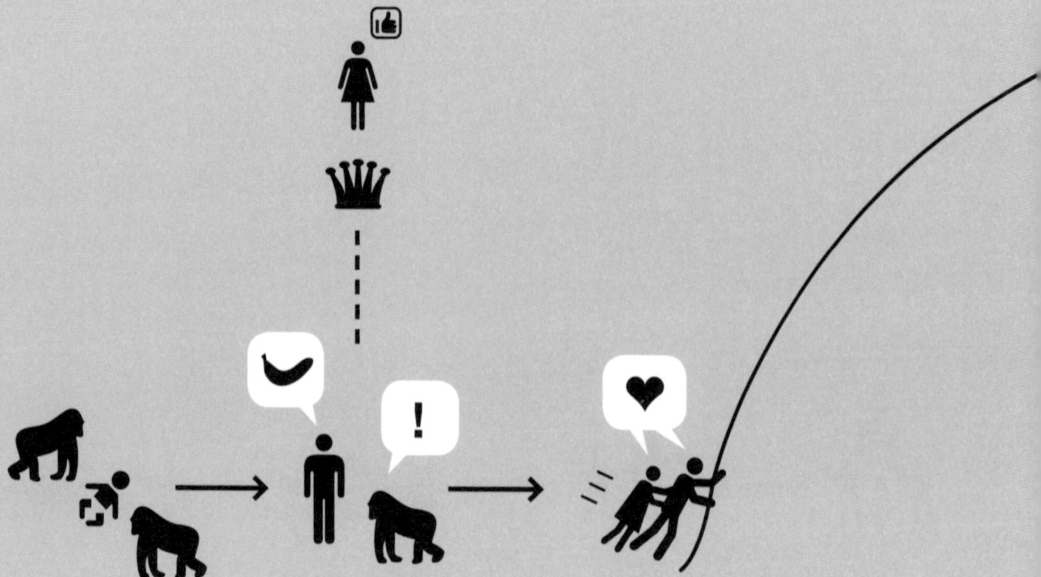

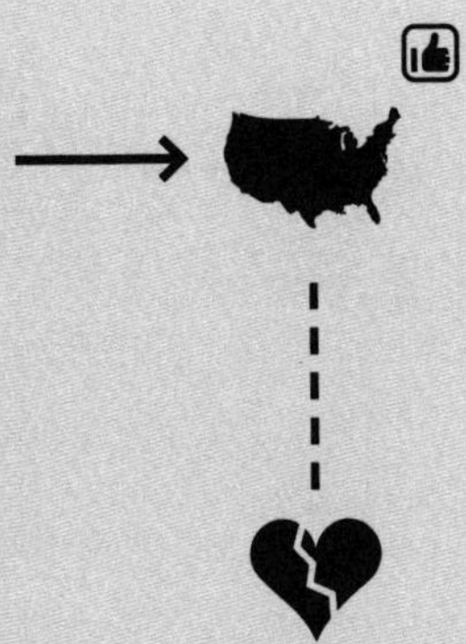

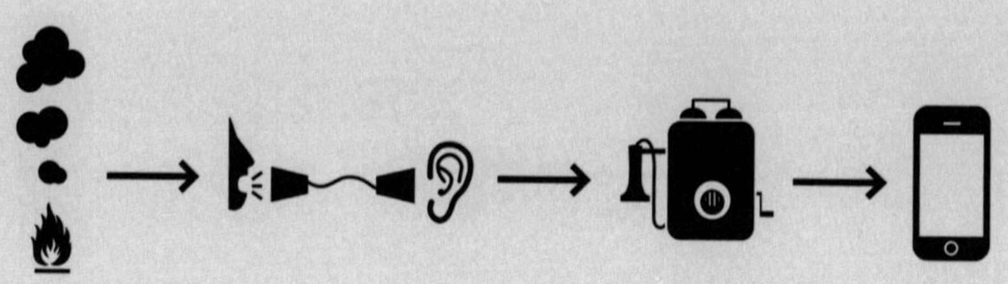

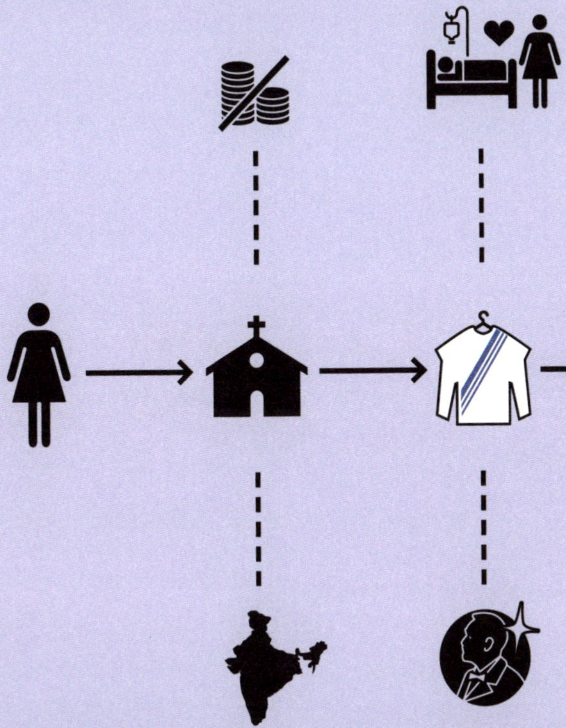

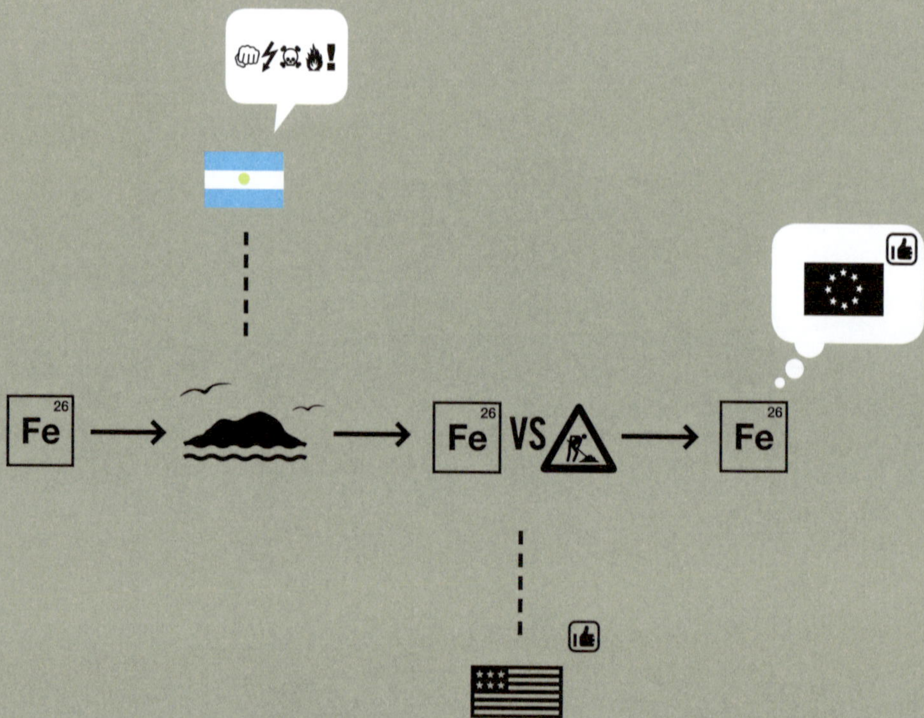
Fe 26
Fe 26 VS
Fe 26

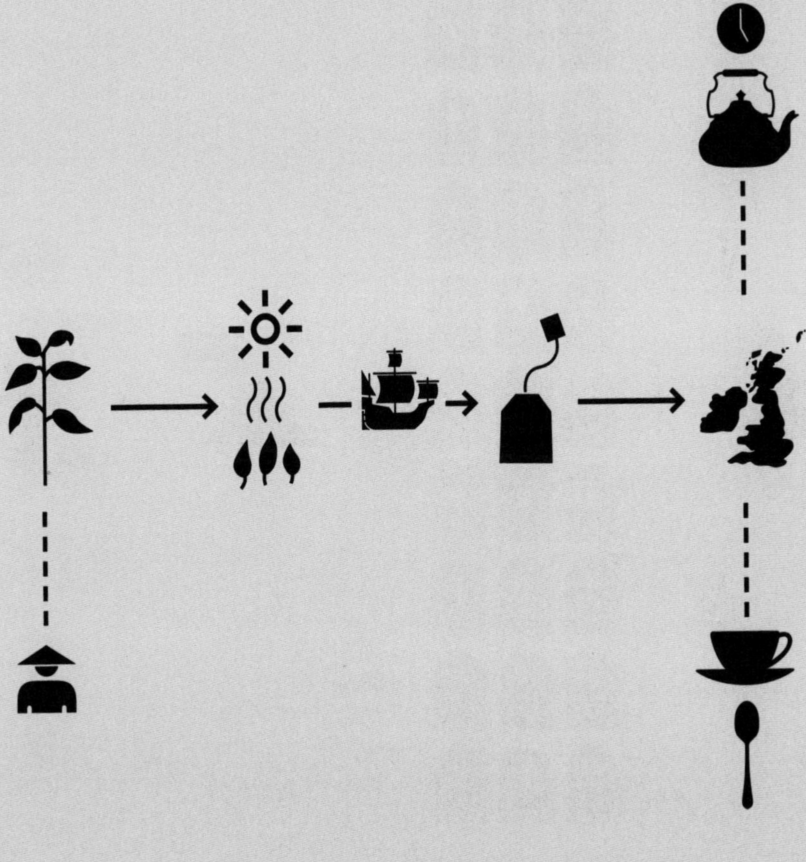

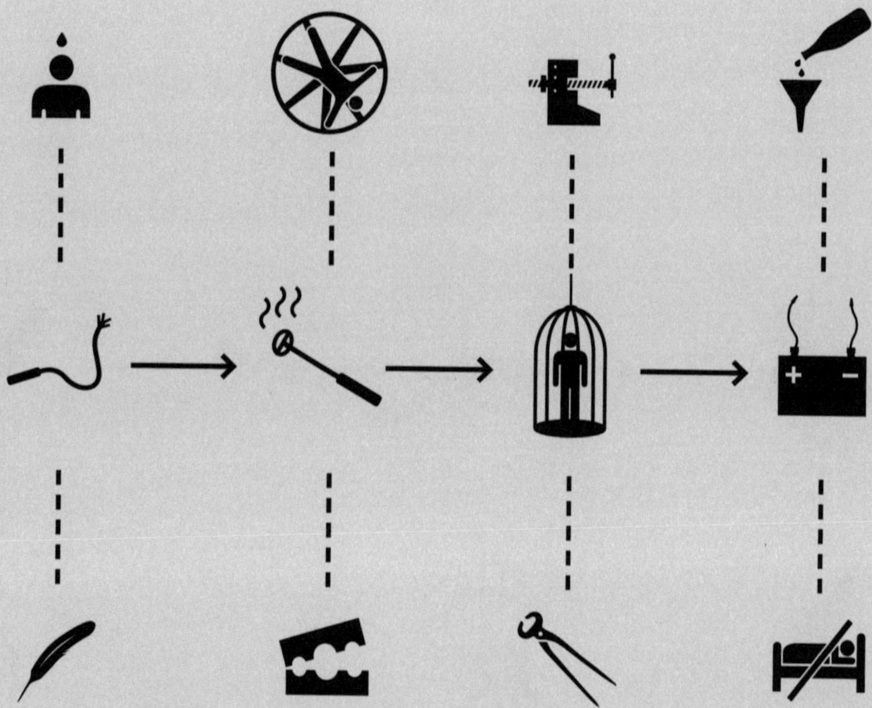

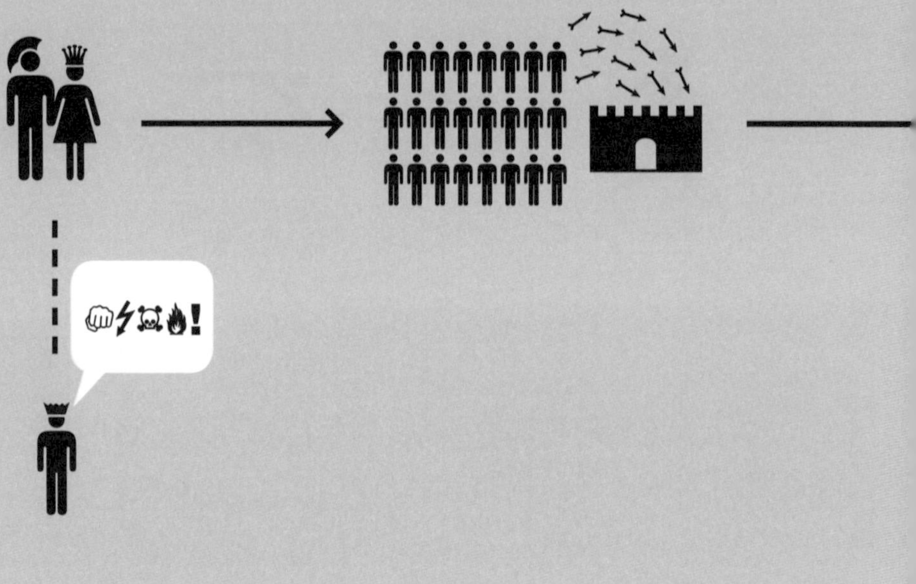

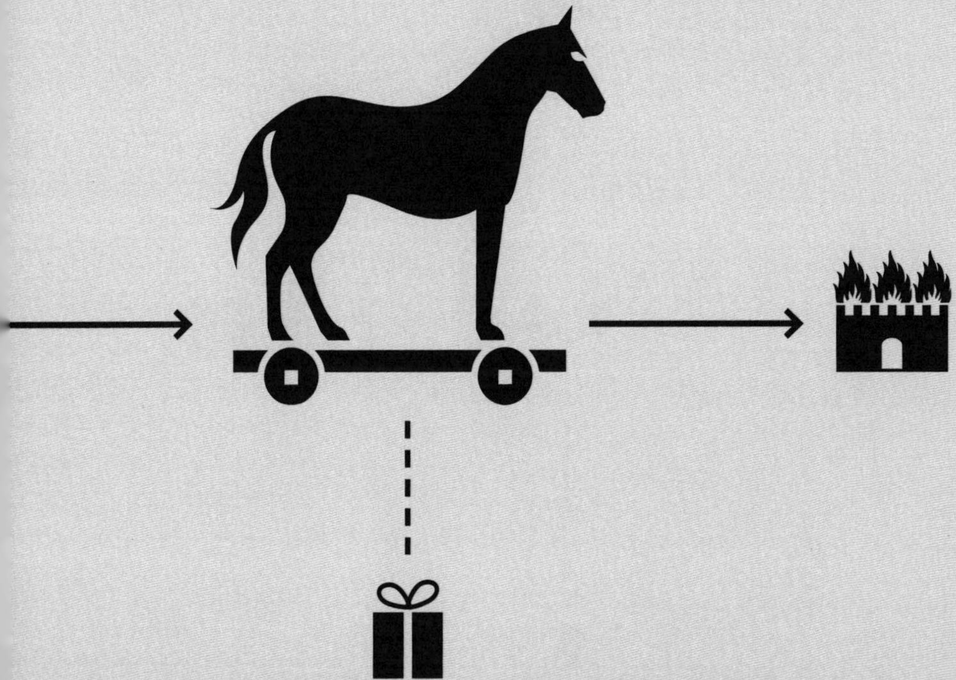

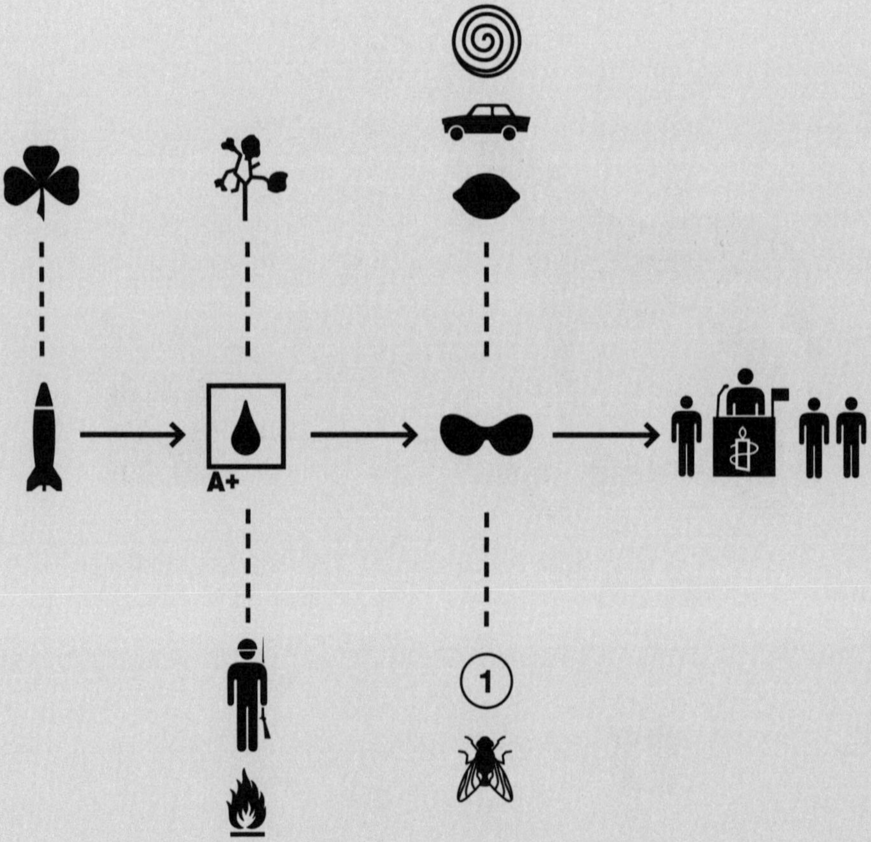
A+

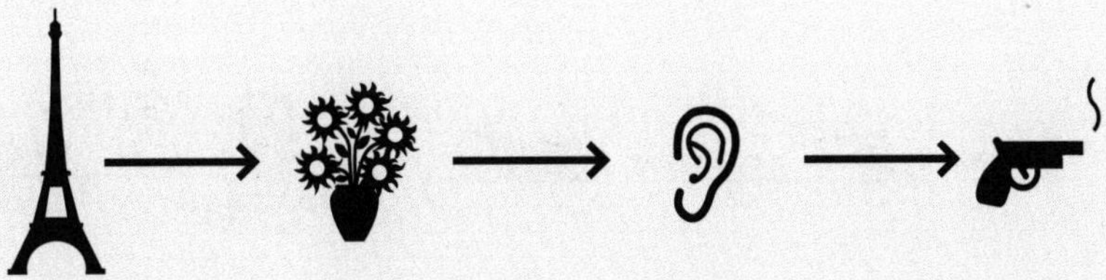

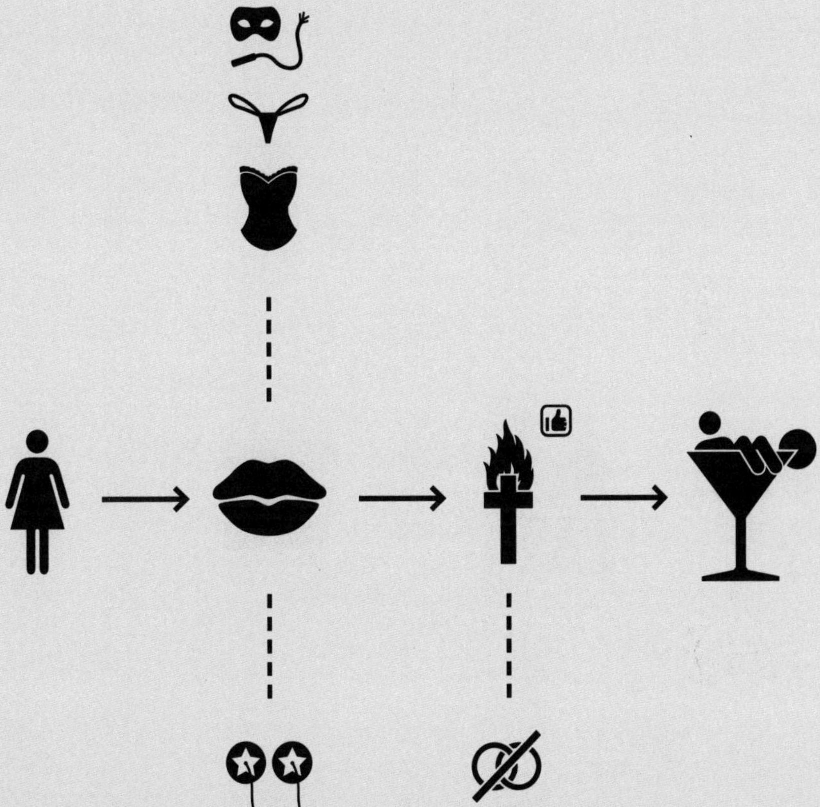

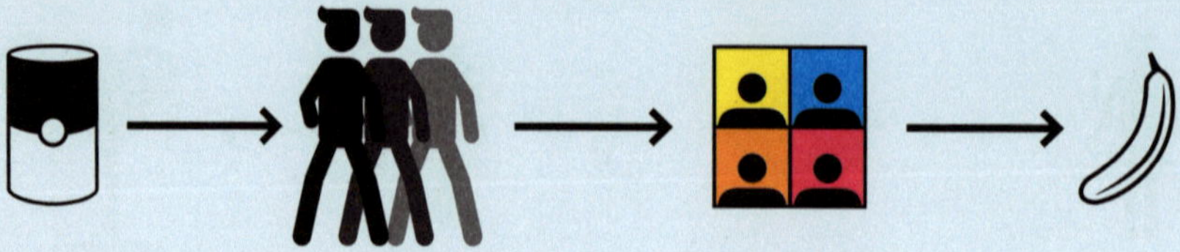

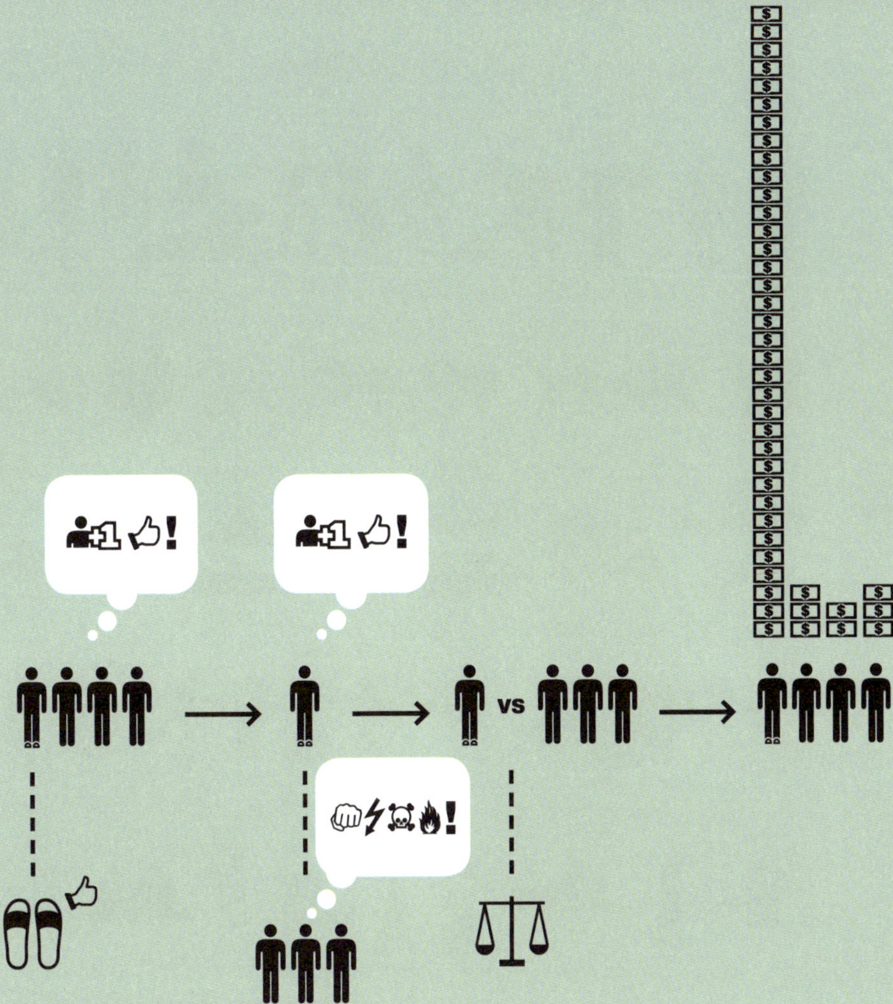
vs

Personnages

Animaux

Véhicules

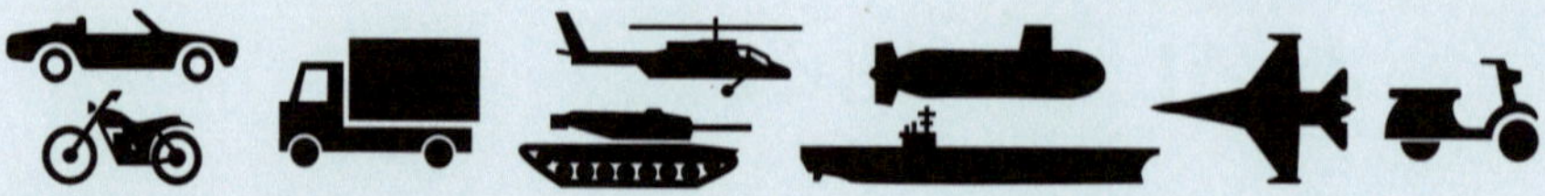

Sports

Villes

Objets

Aliments

RACONTEZ

VOTRE HISTOIRE PERSONNELLE

→ → →

[ ]

QUELQUES SUGGESTIONS

Privilégiez la simplicité. Résumez votre vie autant que possible. Sélectionnez les faits qui font de vous ce que vous êtes. Et souvenez-vous : pas de mensonges. Sauf si cela rend les choses plus drôles.

L'HISTOIRE DE H-57

H-57 est un atelier de dessin créatif et de publicité installé à Milan, en Italie. Il a été officiellement créé le 12 janvier 2004 et son nom a été inspiré par le tristement célèbre Hangar 57, base mythique de la guerre froide russe, dont on ne sait s'il a réellement existé et où il se trouvait. Ce hangar était réputé abriter de terribles armes de destruction massive, un laboratoire dans lequel étaient menées de délirantes expériences biologiques et toutes sortes d'activités secrètes et dangereuses.

Au début, H-57 se fit connaître en créant des T-shirts illustrés provocants et effrayants. Il a ensuite trouvé sa véritable vocation en devenant un laboratoire de design créatif, travaillant sur des projets de conception graphique, de publicité, de typographie, d'illustration, d'animation ou de packaging. L'atelier créatif H-57 était né. Rapidement, H-57 a collaboré avec de grandes agences et des clients internationaux, en particulier avec Coca-Cola®, Condé Nast et Lucasfilm, pour qui ont été réalisées une série d'affiches typographiques inspirées par *Star Wars*. Ces affiches ont été vendues au profit d'une œuvre caritative et les bénéfices ont été reversés à l'association Make A Wish en Italie.

Ce livre est né d'un projet consistant à réduire des événements historiques à leurs composantes principales, et à utiliser des dessins successifs pour raconter une histoire. Le projet a donné lieu à six « récits » (Marie-Antoinette, Hitler, Michael Jackson, Jésus, Jules César et Napoléon), qui ont été diffusées en ligne et se sont rapidement propagées. Elles ont attiré l'attention d'un agent littéraire de Londres, qui a proposé de les réunir dans un ouvrage. Si vous avez acheté ce livre, nous vous en remercions. S'il vous a été offert, nous félicitons vos amis pour leur bon goût. Remerciez-les de notre part.

L'équipe de H-57 est composée des trois membres ci-contre, assistés de jeunes collaborateurs dotés de beaucoup de talent et d'une bonne dose de patience.

Matteo Civaschi

Matteo a créé l'atelier H-57 en 2004, avec Elena Borghi (qui n'en fait plus partie depuis), après avoir travaillé 15 ans pour de grandes agences de publicité. Grand amateur de Mozart et de Van Halen, il apprécie aussi beaucoup les films de science-fiction, d'*Alien* de Ridley Scott à la célèbre saga épique de *Star Wars* de George Lucas. Ses trois chats se révèlent être ses assistants favoris, notamment la nuit, où d'importants projets voient le jour.

Gianmarco Milesi

Lorsqu'il était plus jeune, Gianmarco a souhaité devenir flûtiste virtuose, joueur de la NBA, guitariste et égyptologue. Tous ces projets se sont évaporés lorsqu'il a découvert la rédaction publicitaire, considérant qu'il s'agissait d'un beau métier, amusant de surcroît. Après s'être débattu 12 ans au sein de grandes agences publicitaires, il a rejoint Matteo Civaschi à la tête de H-57. Lorsqu'il prendra sa retraite, il a l'intention de devenir flûtiste virtuose, joueur de la NBA, guitariste et égyptologue.

Sabrina Di Gregorio

Cette créature extraordinaire est en partie une femme, en partie une comptable. Elle a été la première personne à quitter l'emploi qu'elle occupait, à accepter de relever le défi et à s'installer dans le premier bureau de l'atelier, lorsque le téléphone ne sonnait pas toutes les 45 secondes, comme c'est aujourd'hui le cas. La légende veut qu'une personne, un jour, parviendra à lui faire perdre son calme.

h-57.com

- - -

- - -

firstfloorunder.com

MERCI À

Merci à Francesco Guerrera pour sa passion
et son amitié, et pour l'espace qu'il nous
a accordé sur firstfloorunder.com.
Ce livre est également le résultat du talent
et de la patience d'Anna Barisani,
qui l'a vraiment créé de ses mains.
Chez H-57, rien ne serait possible sans
Sabrina Di Gregorio, un phare dans la nuit, un havre
au quotidien et une critique impitoyable de nos idées.
Un merci tout particulier à Tim Glister et Will Francis
de Janklow & Nesbit qui croient à nos idées
jour après jour, mail après mail.
Un grand « merci » à Jenny Heller, pour sa présence
constante, son enthousiasme et ses mots italiens.
De même, nous sommes reconnaissants envers Walder,
et tous les autres membres de Quercus,
qui ont mis de l'ordre là où régnait le chaos.
Merci également à Nicolas Lampugnani,
Alessandra Miatello, Matteo Inchingolo,
Alberto Aliverti, Monica Amigoni, Sabine Troisvallets,
Orazio Marino et à tous les amis de H-57
sur Facebook et dans tout autre lieu, réel ou virtuel.

Éditions Prisma
Direction : Pierre-Olivier Bonfillon
Directrice éditoriale : Françoise Kerlo
Responsable éditoriale : Valérie Langrognet
Assistante d'édition : Bérénice Taveau
Chef de fabrication : Jérôme Brotons

Traductrice : Stéphanie Alglave
Réalisation éditoriale : Nord Compo

ISBN : 978-2-8104-0462-9

Dépôt légal : octobre 2013

Imprimé en Espagne
chez Cayfosa Impresia Iberica

FSC
www.fsc.org
MIXTE
Papier issu de sources responsables
FSC® C112766

KGS
V
10